Francisco de Assis

Dados Internacionais de Catalogação na Publicação (CIP)
(Câmara Brasileira do Livro, SP, Brasil)

Mazzuco, Vitório
  Francisco de Assis e o modelo de amor cortês-cavaleiresco: elementos cavaleirescos na personalidade e espiritualidade de Francisco de Assis / Vitório Mazzuco. 5. ed. Petrópolis, RJ : Vozes, 2008.

1ª reimpressão, 2020.
ISBN 978-85-326-1214-4

1. Francisco, de Assis, Santo, 1181 ou 2-1226 I. Título.

94-2062   CDD-922.22

Índices para catálogo sistemático:
1. Santos : Igreja Católica : Biografia 922.22

VITÓRIO MAZZUCO, OFM

FRANCISCO DE ASSIS
E O MODELO DE AMOR CORTÊS-CAVALEIRESCO

Elementos cavaleirescos na personalidade e espiritualidade de Francisco de Assis

EDITORA VOZES

Petrópolis

© 1994, Editora Vozes Ltda.
Rua Frei Luís, 100
25689-900 Petrópolis, RJ
www.vozes.com.br
Brasil

Todos os direitos reservados. Nenhuma parte desta obra poderá ser reproduzida ou transmitida por qualquer forma e/ou quaisquer meios (eletrônico ou mecânico, incluindo fotocópia e gravação) ou arquivada em qualquer sistema ou banco de dados sem permissão escrita da editora.

CONSELHO EDITORIAL

Diretor
Gilberto Gonçalves Garcia

Editores
Aline dos Santos Carneiro
Edrian Josué Pasini
Marilac Loraine Oleniki
Welder Lancieri Marchini

Conselheiros
Francisco Morás
Ludovico Garmus
Teobaldo Heidemann
Volney J. Berkenbrock

Secretário executivo
João Batista Kreuch

Diagramação: Sheilandre Desenv. Gráfico
Revisão gráfica: Alessandra Karl
Capa: Érico Lebedenco

ISBN 978-85-326-1214-4

Editado conforme o novo acordo ortográfico.

Este livro foi composto e impresso pela Editora Vozes Ltda.

A Frei Dagoberto Romag, OFM, e
Frei Basílio Prim, OFM (In memoriam),
mestres em Espírito e Vida.

A Frei Paulo Back, OFM, Frei José Clemente
Müller, OFM, e Frei Walter Hugo de Almeida,
OFM, Irmãos e Amigos na Fraternidade

À minha PROVÍNCIA:
casa e coração!

Sumário

Introdução, 9

Siglas e abreviações, 12

Capítulo I – Origens da ideia da cavalaria na Idade Média, 15
1. Da crua realidade existencial à sublimação cavaleiresca, 15
2. A ideia da cavalaria como sonho de heroísmo e de amor, 21
3. Expressões concretas da cavalaria: origem, conceito, algumas características marcantes, ordens e votos cavaleirescos, 25
   a. Quanto à origem, 25
   b. Conceito, 28
   c. Algumas características marcantes, 30
   d. As Ordens e os Votos cavaleirescos, 34

Capítulo II – Os traços cavaleirescos na personalidade e espiritualidade de Francisco de Assis, 43
1. Francisco e seu substrato medieval, 44
   a. Para uma compreensão do medieval, 44
   b. A religião como modelo, 48
   c. A luta entre o bem e o mal, 51
   d. O *Homo Viator*, 52
   e. A penitência como caminho para eliminar os excessos, 53
   f. O Santo Propósito, 55
   g. A "floresta dos símbolos", 56
   h. O fascínio das legendas, 57
2. A nobreza de sua juventude, 59
   a. Ser nobre em costumes, 60

b. O saber guardar-se, 64

3. O ser discípulo como contradistintivo do seu espírito cavaleiresco, 66

    a. O que é ser discípulo?, 66

    b. Convocado pelo Senhor, 71

Capítulo III – O cavaleiresco de Francisco na pesquisa social e na atitude espiritual, 77

1. A ideia da cavalaria em alguns textos biográficos franciscanos, 78

    a. O nome: de João a Francisco, 79

    b. De Assis: um nome, uma cidade, 81

    c. O elemento lúdico: o jogo de vencer-se, 84

    d. Sonho e inspiração, 88

    e. Generosidade, solidariedade, gratuidade, 91

    f. Os Cavaleiros da Távola Redonda: o dom da presença do outro, 93

2. A ideia da cavalaria em alguns escritos do Santo, 96

    a. A paixão pelo Senhor cantada em verso e prosa, 97

    b. A devota canção à Senhora, 100

    c. Um hino às façanhas do Único Herói, 104

3. O cavaleiresco de Francisco: atitude existencial e proposta espiritual, 108

    a. A cortesia como virtude: nobreza de atitudes, 109

    b. A benignidade: saber acolher a grandeza do outro, 111

    c. O jeito materno do Amor, 113

    d. "O código da nova cavalaria", 116

Conclusão, 125

Fontes e literatura, 127

Introdução

A escolha deste tema foi motivada pelo desejo pessoal de descobrir, cada vez mais, a riqueza da personalidade de nosso Pai São Francisco a partir da vivência de seu tempo, mais precisamente no movimento da Cavalaria Medieval, que tanto encantava os jovens da época.

Francisco não ficou indiferente a este fascínio, e, como todo jovem, via no cavaleiro, nos ideais da cavalaria, um arquétipo do ideal humano, a descrição ideal de um modelo humano, caracterizado pela nobreza de alma, honradez, coragem e cortesia.

Outro motivo importante da escolha é prestar uma ajuda para a juventude que corre atrás de um modelo referencial. Vejo o jovem de hoje carente de um modelo concreto de vida. Temos uma juventude sem heróis. Se a dignidade do cavaleiro medieval atraiu, em muitos aspectos, a admiração de Francisco, quem sabe ele, o Cavaleiro do Amor, continue atraindo ainda mais os jovens de hoje, como o verdadeiro herói a ser imitado.

Precisamos buscar sempre o modo de ser típico franciscano, sobretudo dentro de uma temática que consiga atrair os jovens de hoje, e de um modo especial aqueles que estão seguindo as pegadas de Francisco de Assis. Este trabalho, de olho na história e nos textos franciscanos, colhendo o que tantos estudiosos disseram e confrontando-se com um modo pessoal de análise, quer contribuir para isso.

Pode parecer uma descrição poética e irreal do espírito franciscano, mas é a vontade de ler dados e fatos onde acontece um impulso para a Grande Busca. Toda a história tem o poder de levar a um confronto, e queremos, aqui, confrontar a história do Herói Medieval com este Homem Apaixonado que é São Francisco de Assis. Para cumprir este nosso objetivo organizamos este trabalho em três capítulos. No primeiro capítulo situamos a cavalaria no quadro social da época, o cavaleiro como um tipo humano moldado pela paisagem medieval, sua origem, características até chegar a ser Ordem Cavaleiresca.

No segundo capítulo procuramos mostrar os elementos cavaleirescos na vida, personalidade e espiritualidade de Francisco. Uma visão do que é o homem medieval e do medieval em Francisco. As virtudes cavaleirescas são mostradas de um modo condensado para abrir perspectivas de reflexão das mesmas virtudes na obra de Francisco.

O terceiro capítulo retoma o espírito do segundo, mas trabalha buscando os elementos cavaleirescos nas biografias e nos escritos do Santo. Faz uma síntese dos principais pontos da Regra de Vida dos frades menores, sobretudo aqueles que têm uma tônica da filosofia cavaleiresca.

Sendo este trabalho uma Tese de Licença nós procuramos ficar dentro do objetivo metodológico: o *status quaestionis*. Procuramos colher nas obras principais, de ontem e de hoje, as provas para confirmar o tema proposto.

Baseamo-nos em Huizing e Cardini, dois historiadores mais atuais para entrarmos bem na compreensão do mundo medieval e da cavalaria, depois lemos as biografias e os escritos sempre nesta ótica: ver onde havia influência da filosofia cavaleiresca de vida.

Alguém poderia contestar a não citação dos textos em latim para sermos fiéis ao original, porém optamos pela tradução na língua portuguesa, facilitando assim a compreensão dos jovens, aos quais este trabalho se dirige. Procuramos também, por nossa conta, traduzir todos os textos citados, sobretudo os de língua italiana.

Embora trate de um tema de ontem, este trabalho quer mostrar que podemos viver melhor o hoje e o nosso momento presente se fizermos uma interpretação responsável do passado. Podemos viver bem o agora colhendo inspiração no tempo de Francisco.

Reconhecemos que ainda não atingimos totalmente o nosso objetivo, mas elencamos aqui tópicos para futuras pesquisas, análises e reflexões. Queremos propor um caminho, dar pistas. Por isso devemos nos debruçar sobre todas as possibilidades de pesquisa e análise que temos ao nosso alcance, para que um dia esta obra seja mais completa e se torne uma ajuda para tantos que querem conhecer a riqueza da vida franciscana.

Temos que ter a coragem de nos lançarmos a algumas propostas diferentes para esquentar a busca e torná-la original e atraente.

Quando chega-se ao final de um longo e paciente trabalho sente-se aquela alegria da tarefa cumprida, mas não é uma alegria isolada, deve ser compartilhada, e, sobretudo, celebrada com gratidão. É o momento de agradecer!

Quero agradecer de um modo especial ao professor, mestre e amigo Frei Cristoforo Gennaro Bove, meu orientador deste trabalho. Agradecer pela sua disponibilidade, interesse, incentivo, credibilidade e acurada correção metodológica. Agradecer a atenção do acompanhamento e a paixão pela obra de Francisco, como ele mesmo dizia numa de suas aulas de História Medieval: "Vocês devem apaixonar-se por estas coisas porque são a sua herança, pertencem a vocês! De sua família precisa-se saber tudo!" Não esquecerei jamais este apelo, e a presente obra é pôr em prática este grito.

Agradeço ao Pe. Provincial Frei Estêvão Ottenbreit, OFM, e ao Vigário Provincial Frei Caetano Ferrari, OFM, por terem me liberado para estes anos de estudo, dando-me apoio, segurança e certeza.

É o amor pela mesma causa que nos une todos na mesma busca!

Siglas e abreviações

Bíblicas

At = Atos dos Apóstolos
Gl = Epístola aos Gálatas
Lc = Evangelho de Lucas

Franciscanas

Adm = Admoestações
Ble = Bilhete a Frei Leão
1Cel = Tomás de Celano, Vita I
2Cel = Tomás de Celano, Vita II
Cta = I Carta aos Fiéis
Ctb = II Carta aos Fiéis
Ctc = Carta a todos os Custódios
Ctg = Carta aos Governantes dos povos
CtL = Carta a Frei Leão
CtOrd = Carta à Ordem
Csd = Considerações sobre os Estigmas
3Comp = Legenda dos Três Companheiros
Cant = O Cântico do Sol
EV = Elogio das Virtudes
I Fior = I Fioretti
LM = Legenda Maior de São Boaventura
Lm = Legenda Menor de São Boaventura
LP = Legenda Perusina
OD = Opúsculos Ditados
OL = Orações de Louvor a serem recitadas em todas as horas canônicas
RnB = Regra não Bulada

Rb = Regra Bulada
SC = Sacrum Commercium
SMD = Saudação à Mãe de Deus
Sp = Espelho da Perfeição
Test/1226 = Testamento de 1226
TestS = Testamento de Siena

Várias

AM = Archeologia Medievale
Cf. = Confira
CF = Cuadernos Franciscanos
CHR = Christus
Conc. = Concilium
Ed. = Edições, Editores, Editora
FF = Fonti Francescane
FrFr = Frate Francesco
GS = Grande Sinal
Ibid. = Ibidem
IF = L'Italia Francescana
Ivi = O mesmo autor e a mesma obra
ID. = idem
NA = Nuova Antologia
PC = Pagine di Cultura
QA = I Quaderni di Avallon
QM = Quaderni Medievale
QSF = Quaderni di Spiritualità Francescana
RE = Revista de Espiritualidad
RI = Rivista d'Italia
SCth = Studia Catholica
SF = Studi Francescani
VM = Vita Minorum

*"Talvez a Idade do Meio, o tempo
de colorido suspenso, não é só
o Medieval... mas este tempo em
que nós precisamos viver".*

(Avallon)

Capítulo I

Origens da ideia da cavalaria na Idade Média

Cada época da humanidade nos apresenta um modelo típico do modo de ser humano. A sociedade como sistema, a estrutura condicionante, a conjuntura diária, vão criando, moldando e passando para o futuro, várias experiências de como a raça humana trabalha a sua rica identidade. Este capítulo quer mostrar alguns acenos históricos para ajudar a compreensão do mito, buscando dados concretos do passado, para ser capaz de situar de um modo credível o Cavaleiro Medieval, esta figura arquetípica que atravessa o tempo sempre fascinando e desafiando a nossa imaginação.

1. Da crua realidade existencial à sublimação cavaleiresca

Já passaram cinco séculos e o mundo medieval é ainda um grande interesse. Qual o segredo desta atração? Talvez seja o modo apaixonado e decidido de viver a vida. Podemos constatar que há cinco séculos os acontecimentos do mundo traziam formas marcantes e encantadoras mais precisas que o nosso consumista e descartável momento presente[1].

---

1 Cf. HUIZING J. *Autunno del Medioevo*. Firenz: Sansoni, 1987.

Neste período, dor, alegria, calamidades, festa, devoções, e toda uma diversidade de experiências eram vividas de uma maneira mais intensa. Cada ato, cada estado de ânimo, cada acontecimento eram absorvidos com um forte grau de imediatez e absoluto, e envoltos em formas definitivas e muito expressivas; e, assim, colocados ao nível de um preciso e rígido estilo de vida.

Os grandes e pequenos fatos eram motivos de celebração: nascimento, matrimônio, morte, se tornavam rito para recordar o esplendor do mistério divino e a dura realidade misteriosa da vida. Uma viagem, uma visita, um trabalho, uma colheita... tudo era acompanhado de bênçãos, fórmulas, usos e costumes.

Era um mundo de contrastes: doença e saúde, o rigoroso inverno, a neblina, o escuro angustiante das longas noites frias, pareciam um mal essencial e natural. Honra e riqueza deviam ser aproveitadas avidamente para fazer frente à lamentável pobreza. Uma veste artesanalmente trabalhada com pele de animal, o fogo acolhedor de uma lareira, um copo de vinho, o riso, a animada conversa numa taverna, o leito quente e macio, tudo formava um quadro para refletir a vida curtida e saboreada em seus detalhes.

A paisagem do cotidiano era de uma ostentação límpida e cruel ao mesmo tempo. Os leprosos soavam as suas sinetas andando sozinhos ou em grupos como múmias trágicas, chamando atenção para o seu mal. Os mendicantes pregavam nas praças, estradas e igrejas, acusando e questionando uma estrutura secular e religiosa que não podiam aceitar facilmente[2]. Pelo modo de vestir podia-se reconhecer cada classe, poder e profissão. Os grandes senhores moviam-se entre armas lustrosas, cavalos e cortejos, incutindo respeito e admiração no povo e inveja nos adversários. Havia momento e ar de festa nos mercados na hora de se administrar a justiça, nas núpcias e datas;

---

2 Cf. PAZZELLI, R. *San Francesco e il terz'ordine* – Il movimento penitenziale pre-francescano e francescano. Pádova: Messaggero, 1982.

tudo realizado com muita pompa, gritos e aclamações, vivas e lamentos, aplausos e música[3]. Os enamorados traziam no vestuário a cor preferida de suas amadas; os membros de uma confraria o emblema, a facção, a bandeira, os brasões de seus senhores[4].

A cidade medieval não se perdia espalhada como as cidades de hoje, mas se apresentava compacta, fechada em suas muralhas, bem definida em seus limites, bem fortificada entre muros e torres[5].

Verão e inverno, outono e primavera formavam um contraste bastante forte, bem mais nítido do que agora, num jogo paradoxal de temperatura, de luz e trevas, entre silêncio e barulho. A cidade moderna não sabe mais o que é o escuro perfeito e a verdadeira quietude, nem o efeito isolado de uma lanterna na noite ou um grito de pai chamando, ecoando perdido na distância. As mais variadas formas em que tudo se impunha ao espírito infundiam na vida diária um certo ímpeto, uma emotividade, uma familiaridade, uma rudez bruta, real e terna.

Ouviam-se os sons dos sinos, qual espíritos anunciadores, que, com badalar claro e destacado, anunciavam o luto, o júbilo, a agitação, o repouso, o recolhimento, a tragédia, a convocação, a prece, a presença do inimigo. O povo adivinhava o toque e decifrava o seu significado; mesmo ouvindo diversos sinos, era sensível aos sinais; jamais um sino agredia os ouvidos. Sabia-se quando era eleito um papa, quando se casava um nobre, quando havia um duelo, o término de um cisma, quando devia-se pegar em armas, quando era celebrada a paz. Estes sinos não eram anônimos, alguns tinham até nome como "A grande Jacomina", "O campanário de Roelant"[6].

---

3 HUIZING. *Autunno*, 4.

4 Mostrando o homem medieval, que, segundo a expressão do poeta Baudelaire, vive numa "floresta de símbolos", temos a explicação dos significados dos números, imagens, cor e sonhos, em LE GOFF, J. *L'Uomo Medievale*. Roma-Bari: Laterza, 1988, 34-36.

5 ROSSIAUD, J. *Il cittadino e la vita di città*: L'Uomo Medievale, 161; • BERESFORD, M. & HURST, J.G. *Desert Medieval Villages*. Londres: Lutterworth Press, 1971.

6 Cf. CHASTELLAIN, G. *Oeuvres*. Bruxelles: Kervyn de Lettenhove, 1863-1866, 44.

Frequentemente as ruas eram ocupadas pelas procissões que podiam durar o dia inteiro, semana inteira. O povo seguia penitente, descalço, estômago vazio, carregando tochas, relíquias, estandartes. O importante era tomar parte e viver o espetáculo com reverência e devoção[7].

As grandes entradas de reis, príncipes e cavaleiros conquistadores, eram preparadas com engenhosidade, arte e um acurado gosto estético. Até as execuções públicas, para pôr em prática a pena capital, eram feitas com muito cuidado, uma espécie de excitação cruel; pois a visão trágica e silenciosa do patíbulo tornava-se um elemento de educação moral do povo. Gozava-se a satisfação de ver que a justiça era feita com severidade.

Havia os sermões dos pregadores ambulantes que sacudiam a multidão com suas palavras. Nenhum jornal hoje conseguiria o mesmo efeito de comunicação verbal como estes pregadores, que atingiam aquelas almas, causando enorme impressão sobre os sentimentos simples e ignorantes. Não raro faziam chorar seus ouvintes quando falavam do juízo final, das penas do inferno, da Paixão de Nosso Senhor Jesus Cristo, da reprovação do luxo e da vaidade[8].

Esta agitação, provocada pelos pregadores de então, era uma espécie de cerimonial em que se concretizavam a contrição e o afastamento das vaidades e prazeres, a estilização de uma emoção forte em ato público e solene, conforme a tendência daquela época de criar, para cada coisa, as suas formas rituais.

Temos que levar em consideração a emotividade, o pranto, as conversões, a sensibilidade do mundo medieval para se compreender o colorido e a intensidade da vida que ali pulsava. Até um luto público tinha o aspecto de uma calamidade; o povo era capaz de ficar fora

---

7 Cf. DAVY, M.M. *Il simbolismo medievale*. Roma: Mediterranee, 1988, 241-242.
8 Cf. SOYER, J. Notes pour servir à l'histoire littéraire – Du succès de la prédication de frère Olivier Maillard à Orleans en 1485. In: *Bulletin de la Société Archéologique et historique de l'Orléanais*, 17, (1919), 351.

de si quando via passar o enterro de um governante amado. Chorar era edificante e belo!

A vida oferecia ocasiões sem limites para paixões ardentes e fantasias: "Assim crua e assim diversificada era a vida, que podia respirar num mesmo instante o perfume de sangue e rosa. O povo, como um gigante de cabeça de menino, oscilava entre angústias infernais e os mais ingênuos prazeres, entre uma cruel dureza e uma soluçante ternura. Vivia sempre entre os extremos: da completa renúncia do mundo secular a um apego frenético ao ódio mais profundo, da seriedade a uma bondade cheia de humor"[9].

O orgulho era o pecado característico desta época feudal hierárquica. O poder e a riqueza estavam numa dimensão de busca pessoal e exigente; para ser reconhecido devia apresentar-se publicamente com grande aparato, com numeroso acompanhamento de fiéis e no brilho de ornamentos preciosos. Isto tudo era para causar impacto e também para manter acesa a consciência de ser qualquer coisa a mais. Homenagens, ofertas, fartos banquetes, solene prova de honraria, tudo servia para mostrar aquela superioridade muito real e legítima.

O povo não compreendia, apesar de toda festa, os acontecimentos ligados ao seu destino. Havia o mal governo, a corrupção, a ganância, guerras frequentes, saques, carestia, conquistas, miséria e peste. Viver nas cidades mais fortes e estratégicas era sofrer sempre ataques e contra-ataques e os males de uma guerra crônica. Na cidade e no campo, bandos de malfeitores atuavam em emboscadas e geravam insegurança.

Junto com o ar natural pairava o medo; a perpétua ameaça de uma justiça dura, a condenação religiosa e opressora do inferno, dos demônios e das feiticeiras, davam um fundo negro à vida. Não somente a vida dos humildes transcorria na incerteza, mas também a vida dos nobres, onde pesava mais a completa mudança do destino

---

9 HUIZING. *Autunno*, 30.

que jogava entre acumular e, de repente, perder tudo para alguém mais poderoso ainda.

É verdade que cada época deixa na tradição mais traços de seu sofrimento que da sua felicidade, porém o mundo medieval fez das dificuldades um modo de viver, e a consciência de que são os desafios que criam uma história. Talvez por isso, ainda hoje, existe um interesse por um mundo que jamais deixou de fascinar[10]. O que a sociedade industrial de hoje tem a ver com a figura deste mundo ainda tão próximo e atraente? Por que continua a revelar a um mundo cultural moderno, às vezes atento, às vezes muito crítico, as características de uma verdadeira e original civilização? É que ainda buscamos modelos de vivência para iluminar e elevar o nível da civilização atual, tão carente de modelos de grandeza; e a Idade Média, esta fase tão rica de expressões vitais, nos legou um modelo humano em suas dimensões mais variadas: o monge, o camponês, o intelectual, o artesão, o clero, o comerciante, a mulher, a família, o santo, o guerreiro, o nobre, o marginalizado. Mas, sobretudo, o mundo medieval nos passou três elementos que influenciaram demais a sociedade cristã: "oratores", "bellatores", "laboratores": os que rezam, os que combatem, os que trabalham. Este esquema fez a paisagem social não só dos séculos XII e XIII, mas encontram correspondência nos tempos que se sucederam[11].

Nós escolhemos um modelo deste complexo medieval, desta época onde toda atividade humana remetia a um princípio, a uma busca, a um projeto de vida. Escolhemos uma grande figura que pode ser um símbolo de toda uma civilização: *o cavaleiro!* Este homem montado a cavalo e coberto de ferro, aventureiro, real e mítico.

O cavaleiro não é somente o arquétipo mais célebre de um imaginário sempre fascinante, mas foi o meio com o qual o ocidente

---

10 Cf. FUHRMANN, H. *Guida al Medioevo*. Bari: Laterza, 1989.
11 Cf. LE GOFF, J. *L'Uomo Medievale*, 12-13; • DUBY, G. *A sociedade cavaleiresca*. São Paulo: Martins Fontes, 1989, 23.

cristão encarnou, organizou e defendeu o próprio ideal de sociedade. Foi um símbolo vindo de longe, com uma orientação profunda, que ergueu uma ética e uma certa espiritualidade diferente daquela dos círculos eclesiásticos; pode-se dizer que criou uma moral leiga. O cavaleiro é fruto desta crua realidade existencial que acabamos de sintetizar. Um tempo assim só poderia moldar uma figura com este feitio, uma figura de moralização do exército e do combatente autônomo, uma afirmação concreta da cristandade, da divulgação do humano e do sagrado. É aí que reside o seu ponto de atração ainda hoje vital; e o chamado que continua a exercitar constitui, talvez, o lado mais profundo do interesse que o homem de hoje volta sobre a função da civilização arcaica, num tempo de profunda e geral crise de valores. É o que veremos neste próximo ponto.

2. A ideia da cavalaria como sonho de heroísmo e de amor

O mundo medieval tem como grande característica no campo das ideias gerais: as concepções religiosas que a tudo invadem e explicam; e, no mundo das ideias do seleto grupo da nobreza: a inspiração cavaleiresca, ou melhor, o ideal cavaleiresco. E é justamente a imagem de uma sociedade humana conduzida por uma inspiração religiosa e por uma inspiração profana que dá a este mundo um colorido todo particular.

A guerra era um estado contínuo de intrigas, de conquistas isoladas ou esparsas sobre uma região, sobretudo nas regiões mais cobiçadas devido a sua prosperidade. A diplomacia conhecida era a diplomacia das armas, pois qualquer outro modo era um tanto complicado e defeituoso, dominado por ideias tradicionais muito genéricas, e de pequenas questões jurídicas. É aí que aparece aos poucos a presença do ideal cavaleiresco: para reduzir tudo a um belo quadro, onde brilhava a honra e a virtude; um elegante jogo de formas nobres para criar pelo menos a ilusão de uma certa ordem.

Mas o que é mesmo este ideal cavaleiresco? Enquanto ideal de uma vida bela e justa, a concepção cavaleiresca tem uma característica singular: é um ideal estético na sua essência, composto de uma fantasia muito variada, plena de emoção heroica. Quer ser um ideal ético, quer somente valorizar um ideal de vida, colocando-se em relação com a piedade religiosa e com as virtudes vividas na nobreza. Nem sempre a cavalaria conseguiu manter o nível deste ideal. Em tal função ética faliu tantas vezes, e sua origem humana a derrubou, porque no cerne do ideal estava implícito um orgulho estilizado, de onde os nobres tiraram o sentido da honra.

É a misteriosa mistura de consciência moral e de ambição que sobrevive no homem quando já perdeu tudo: fé, amor, esperança. É aquele último sentido de honra que sobrou na pessoa, e que, bem trabalhado, torna-se fonte de novas forças[12]. Uma ambição pessoal que é desejo de glória, uma vontade apaixonada de ser louvado pela posteridade. Uma inspiração que não anda separada do culto do herói, porque a vida cavaleiresca é uma constante imitação[13].

Piedade, coragem, austeridade, sobriedade e fidelidade era a imagem de um cavaleiro ideal. Isto não se adquiria sem certa exigência, sem um certo ascetismo. Este mundo de sentimentos ascéticos é a base sob a qual o ideal cresceu até chegar à ideia da perfeição: uma intensa aspiração a uma vida bela, uma energia animadora. Quanto mais se obedece o ideal cavaleiresco mais se acentua o seu método ascético[14].

O cavaleiro errante é desapegado e livre de certos legames; é preciso exaltar no guerreiro o homem que é livre de qualquer exagerada afeição, não tendo outra coisa a não ser a sua própria vida, e sempre

---

12 HUIZING. *Autunno*, 88.
13 Sobre a Imitação retomaremos de um modo especial no segundo capítulo, mas recomendamos ilustrar esta compreensão com o exemplo apresentado por HUIZING, *Autunno*, 94-98 e também CHASTELLAIN, G. *Le livres des faicts du bon chevalier messier Jacques de Lalaing: Oeuvres*, VIII, 20.
14 Cf. HUIZING. *Autunno*, 99.

disposto a colocá-la em risco, cada momento, quando a sua causa lhe exige. O cavaleiro é o representante de uma liberdade absoluta que se entrega a uma causa[15].

O amor foi a chama que acendeu este complexo de sentimentos e de ideias e deu um forte calor a este tipo de vida. O profundo trato ascético, o animado espírito de sacrifício que são próprios da cavalaria, estão estreitamente ligados ao amor, que para o cavaleiro era a transferência ética de um desejo.

A necessidade de dar ao amor um sentido e uma forma nobre encontra um vasto campo para se manifestar nas conversas corteses, nos jogos e torneios, nas canções de gesta. Em todo este espaço o amor se sublima e se faz romântico. A concepção cavaleiresca do amor não nasce da literatura, mas da vida. O motivo do cavaleiro e da sua dama amada estava presente nas relações da vida real. O cavaleiro e a dama, o herói por amor, era o elã impulsionante, primitivo e invariável que aparece sempre e deve retornar. É a transmutação mais imediata da paixão sensual numa abnegação ética ou quase ética. Manifesta-se na necessidade de mostrar a própria coragem à mulher amada, de expor-se aos perigos e de exibir a própria força, de sofrer, de sangrar, de passar por desafios e grandes dificuldades, num impulso que cada pessoa conhece desde a própria adolescência. A manifestação e o exaurimento do desejo, que parece impossível, vem substituído da ação heroica cumprida por amor. O sonho da ação heroica enche de ânimo, incha o coração de orgulho pessoal, dá vida ao amor.

O tema do herói é importante para a cavalaria, e não somente para a cavalaria, já que é um mito que acompanha toda a história da humanidade. A figura do herói não envelhece e as legendas continuam cada vez mais atuais. Ainda hoje se leem as aventuras, os feitos do

---

15 Cf. JAMES, W. *The varieties of religious experience*. Londres: Gifford Lectures, 1903, 318.

inconfundível herói montado em seu cavalo, armado, invencível, com a força física e com a força da boa vontade, da bondade, da doçura e justiça. O Rei Artur e os Cavaleiros da Távola Redonda, a Busca do Santo Graal, A Canção de Rolando, El Cid, Don Quixote são sempre atuais como obra e como inspiração. Os fatos que aos cavaleiros e à toda humanidade são narrados são fatos humanos.

Toda história do homem é uma história de uma inspiração, de superação, de edificação. Assim sob a guia de um cavaleiro podemos receber a chave para ler a nossa realidade[16].

"O herói é aquele que nos coloca a serviço de um ideal mais elevado e nos dá meios para realizar nossa tarefa evolutiva. O trabalho do herói é específico: empreender a jornada interior, enfrentar dragões e gigantes que lá existem e encontrar o tesouro escondido. Qualquer um pode empreender a jornada interior e assumir a tarefa de se tornar completo.

Duas coisas são necessárias a um herói: uma espada e uma harpa. A espada simboliza o uso drástico e agressivo do poder masculino. Com a espada o herói enfrenta o mundo, assume o controle da situação, posiciona-se firmemente, derrota o adversário. A espada corta os problemas. Todos nós precisamos do poder da espada. Existem ocasiões em que precisamos ser lógicos e analíticos; às vezes precisamos nos posicionar com firmeza.

A harpa é o lado lírico e sentimental que corresponde ao feminino interior. Com o poder da harpa o herói constrói os seus relacionamentos, demonstrando sentimento e amor. A harpa representa o poder de desenvolver um senso de valores, de afirmar o que é bom

---

16 Para aprofundar o tema destas legendas e analisar o seu rico conteúdo simbólico cf. CANTONI, G. *La Cerca del Graal*. Turim: Borla, 1969; • EVOLA, J. *Il Mistero del Graal*. Roma: Mediterranee, 1972; • MARROU, H.I. *I Trovatori*. Milão: Jaca Book, 1983; • MONTREUIL, G. *Perceval*. Milão: Jaca Book, 1984; • GOODRICH, N.L. *Il Mito della Tavola Retonda*. Milão: Rusconi, 1989.

e verdadeiro, de apreciar o belo; a harpa permite que o herói coloque a espada a serviço de uma causa nobre.

Para ser completo, o herói necessita ter as duas coisas, pois sem a espada a harpa se torna ineficaz e sem a harpa a espada fica reduzida à força bruta, egoísta"[17].

3. Expressões concretas da cavalaria: origem, conceito, algumas características marcantes, ordens e votos cavaleirescos

a. Quanto à origem

Embora o período medieval tenha colocado em evidência a cavalaria, a sua origem vem dos antigos costumes que encontramos na pré-história e desemboca no dia em que o homem conseguiu controlar a força selvagem do cavalo, e fazer dele um animal ágil, vivente, útil, poderoso, um pedestal equestre da sua força e de seu predomínio[18].

Dos primórdios da convivência e desta aliança do homem com o cavalo nasce uma consciência cavaleiresca que se manifestou forte e se desenvolveu na Idade Média.

Já Tácito, em suas *Histórias*, nos relata que os jovens habitantes das florestas do Reno e Elba, chegando a idade de manejar as armas, vinham solenemente apresentados da parte do pai ou dos parentes mais próximos, ao Chefe da Tribo, na Assembleia Geral dos Guerreiros;

---

17 JOHNSON, R.A. *WE, a chave da psicologia do amor romântico*. São Paulo: Mercuryo, 1983, 52-54.

18 Cardini, em sua importante obra para a compreensão da base histórica cavaleiresca, dedica todo um capítulo sobre a importância do cavalo, o qual chama de "arcano companheiro, silencioso veículo do herói salvador, heroico e luminoso, fúnebre e apocalíptico. Sempre presente em todas as empresas: vencer e matar um monstro, viajar para o distante, ser conselheiro nos oráculos, vítima sacrifical, base de imponência estática, quase um Deus". Cf. CARDINI, F. *Alle radici della cavalleria medievale*. Firenze: La Nuova Italia, 1981, 32-44.

e dele recebiam o cavalo, a lança e a espada; e somente após este rito adquiriam a cidadania e os direitos políticos[19].

A tradição latina diz que Rômulo, constituindo o primeiro exército, formou com o corpo dos "Céleres" uma espécie de verdadeira e própria aristocracia militar equestre. No período republicano de Roma, a Ordem Equestre constituiu-se num grau bastante nobre. Para ser inscrito eram necessários três requisitos: idade de dezoito anos, uma taxa de 400 mil cestércios e ser de boa condição familiar que não tivesse nenhum vínculo com a escravidão. Somente examinados estes requisitos, o censor admitia os jovens na Ordem Equestre entregando-lhe o cavalo e um anel de ouro. O cavaleiro vestia a "angustus clavius", uma túnica que tinha na frente duas faixas de púrpura mais estreitas, e que ia somente até a metade do corpo para diferenciar da *latus clavius*, que era a túnica dos senadores.

Durante o período imperial, a dignidade da Ordem Equestre ofuscou-se muito. Os imperadores tomaram para si o direito de nomear os cavaleiros e nem sempre o faziam seguindo as prerrogativas da Ordem, mas segundo o interesse pessoal de proteção e conquista[20].

A Cavalaria como tal, como aquela que historicamente aqui apresentamos, é uma instituição feudal. E surge de vários elementos: o econômico (com seus benefícios e privilégios), o social (ser vassalo, nobre, frequentar a corte), o político (o cavaleiro possuía imunidade jurídica), o religioso (a cristianização do ideal) e o militar (uma nova concepção de milícia). Assim os "milites" formaram, pouco a pouco, a primeira e mais influente classe social por força e por riqueza; a classe dos nobres, e criaram o termo "miles": o cavaleiro, o combatente que prestava serviço a cavalo, e a "militia": a cavalaria e o conjunto de qualidades e obrigações do cavaleiro[21].

---

19 TÁCITO. *Germania*, 30.
20 Para maiores detalhes sobre esta época cf. CÉSAR. *De Bello Gállico*, VII, 18.
21 Um bom estudo sobre a origem dos termos "miles" e derivados cf. DUBY, G. *A sociedade cavaleiresca*, 24-27.

A dureza do tempo fez emergir e afirmar a figura do cavaleiro, ele é o resultado de uma necessidade do século VIII, mais necessário ainda nos séculos IX, X até o XIII.

A Europa medieval é um continente que sofre por todos os lados as invasões, o assédio, as incursões dos povos bárbaros. Estes povos são dotados de grande mobilidade guerreira e de ardorosos combatentes. Isto sacudiu e desafiou a capacidade dos defensores da sociedade chamada cristã, que perceberam que não bastava apenas a capacidade de intervir rapidamente, mas ser por demais eficientes e disciplinados[22].

Não podemos deixar de destacar o momento onde a cavalaria iluminou-se de ideais cristãos, e os combatentes mais exaltados religiosamente correram para as Cruzadas, para a defesa dos Lugares Santos, para libertar o Santo Sepulcro das mãos dos muçulmanos, proteger os peregrinos pelas terras da Síria e Palestina.

Assim temos, num primeiro momento, a cavalaria como instituição guerreira contra as invasões bárbaras, e também a presença da Igreja influenciando o mundo cavaleiresco para que transformasse a sua força bruta de milícia feudal em força organizada para manter os ideais da Igreja e da sociedade. Este é o momento heroico e religioso em que predomina o sentimento de coragem e fé; um verdadeiro momento épico. Tinha-se a convicção que derrotar o homem infiel era destruir o mal que nele estava. Estas ideias mereciam ser mais discutidas, mas não é este o objeto deste trabalho.

O segundo momento é a cavalaria aventurosa e galante. O seu lado romântico e lírico que encontra expressão no sentimento de defesa dos fracos e o culto à Mulher Amada, a Dama Encantadora, misteriosa e distante. É o seu lado leigo que vai libertando-se dos

---

22 Cf. CARDINI, F. *Quell'antica festa crudele* – Guerra e cultura della guerra dall'età feudale alla Grande Rivoluzione. Firenze: Il Saggiatore, 1987, 15-45.

laços clericais, e faz da fraqueza um culto, isto é, uma fraqueza que se torna potência, força.

O terceiro momento é a decadência. Uma imitação fictícia, um heroísmo cômico, uma força quase inútil.

b. Conceito

Embora todo o objetivo deste capítulo seja elucidar, de um modo sintético, a complexa história da cavalaria, é melhor ajuntarmos aqui mais algumas ideias que possam tornar mais clara esta compreensão.

Podemos perguntar: O que é, e o que não é a cavalaria?

Ela não pode ser entendida apenas como um título, uma herança que se passa de uma geração à outra, nem um título de nobreza comprado.

Mesmo tendo sofrido forte influência religiosa, a sua cerimônia de investidura não tem caráter sacramental, e é conferida por uma autoridade que necessariamente não precisa ter um carisma espiritual.

Não é apenas um poder pessoal, pois mesmo tendo vivido, em muitos casos, solitário e autônomo, o cavaleiro se bateu por uma necessidade histórica e encarnada numa determinada época.

Não é pertencer pura e simplesmente a uma ordem equestre e muito menos a um clube de equitação.

O cavaleiro não é um mercenário comum, aquele que combate por lucro, um aventureiro ganancioso, predador e indisciplinado.

Mas, então, o que é a Cavalaria?

É uma associação de cavaleiros[23] que não se limita apenas à afirmação e à apologia dos princípios de fé e daquela ordem social

---

23 Interessante a opinião de V. Bravetta ao dizer que: "A cavalaria não foi nem uma instituição nem uma ordem social, nem uma associação particular, mas, até o século XII, é sinônimo de nobreza feudal. A moral cavaleiresca é entendida como todo um complexo de deveres que criou uma "moral profissional", uma ética profissional como possuem todos os afazeres, e cuja moral se baseou sobre o amor, o valor e a cortesia". Cf. BRAVETTA, V.E. *La cavalleria e gli Ordini cavallereschi*. Roma: Sales, 1942, 21-22.

natural e cristã, mas também se empenha em defender tudo isto a custo da própria vida, combatendo em regular batalha.

A via do cavaleiro, que pode ser chamada como uma liturgia da milícia, é a via da ação segundo a verdade, justiça e fortaleza, sob o fundamento da reta consciência e da prática da fé. É via porque conduz o cavaleiro ao seu aperfeiçoamento espiritual e ao serviço da fé mediante o exercício da fortaleza.

O cavaleiro é um personagem excepcional que administra um poder quantitativamente maior que o dever, por isto existe a exigência de uma forte qualificação interior. Deve arriscar a vida, mas absorver a sua tarefa; deve ser um homem justo, límpido, correto[24]. Ele precisa aproximar-se da realidade, graças aos seus dons naturais ou adquiridos, ao tipo ideal codificado no mito[25].

Não pode ser um cavaleiro verdadeiro sem ser ao mesmo tempo um asceta. A Ordem Cavaleiresca, na Idade Média, é inconcebível sem este rígido fundamento.

A sociedade medieval não se limitava pedir ao cavaleiro para aplicar a lei pelo puro fato de estar promulgada por um poder constituído; não reduzia o cavaleiro ao papel de um simples policial. O cavaleiro não é o guarda de uma ordem legal, mas de uma ordem legítima. Ele é chamado a responder, restaurando para a justa ordem, qualquer usurpação. A usurpação traz um período de desolação e esterilidade. Não é a violação apenas de uma ordem política, mas influência à organização sagrada de uma sociedade. A usurpação quebra a ordem divina, e seus efeitos se fazem sentir também na impossibilidade de conviverem juntos o humano e o sagrado. O cavaleiro ajudou a tornar viável a convivência entre o sacro e o profano.

A tarefa do cavaleiro é uma tarefa complementar na sociedade. A ruptura operada pela possibilidade do pecado interessa à alma e

---

24 AVALLON, R. Introduzione alla comprensione dello stato cavalleresco. In: *QA*, 2, (1983), 33-41.
25 *Ivi*, 34-35.

ao corpo da sociedade. Se o sacerdote é chamado à administração dos sacramentos para reparar danos sofridos na vida espiritual, o cavaleiro, com o uso das armas, é convocado a sanar as consequências do pecado sob a ordem social. Isto é, deve instaurar, restaurar e proteger a justa ordem civil. O sacerdote guia o homem no que diz respeito ao justo relacionamento com Deus; o cavaleiro procura manter a justiça para o bom relacionamento terreno. Assim pensava--se no mundo medieval[26].

c. Algumas características marcantes

Nesta parte daremos um painel geral de algumas características que marcam a cavalaria, quer seja no seu modo de ser, no seu folclore, na sua literatura, como também ajudam a completar o conceito.

O trabalho do cavaleiro era aquele das armas, essa era a sua principal ocupação. Por isso vivia em constante treinamento e aprendizado. Não era fácil reger aquelas armaduras pesadíssimas, a lança, a espada, o escudo e a fogosidade do cavalo. Isto exigia, para se tornar perfeito, um longo treinamento, e este adestramento ocupava o tempo livre do guerreiro[27].

Para chegar ao cavaleiro amadurecido, em geral, o jovem iniciava como uma espécie de noviço, servindo o guerreiro como valete ou escudeiro. Assim devia prestar serviço ao cavaleiro e ao seu senhor nos castelos, nas viagens, na caça, no polimento das armas, no montar no cavalo, no apear com desenvoltura e elegância, erguer o cavaleiro durante as quedas nos treinos e torneios. Cuidar para que o cavalo estivesse preparado, e, também, incentivar o ânimo do

---

26 Para um bom conhecimento da história geral da cavalaria cf. CARDINI, F. *La tradizione cavalleresca nell'Occidente Medievale. Un tema di ricerca tra storia e "tentazioni" antropologiche.* In: *QM*, 2, (1976), 125-142; • LULLO, R. *Il libro dell'ordine della cavalleria.* Roma: Francescane, 1972.

27 Sobre o aprendizado e treinamentos nos castelos e fortalezas cf. DELORT, R. *La vita quotidiana nel medioevo.* Roma-Bari: Laterza, 1989, 153-154.

cavaleiro antes das lutas, incutindo-lhe coragem. Ser escudeiro era um primeiro passo para ser cavaleiro.

O treinamento primitivo era muito simples e objetivo, e seguia as regras militares da época. O escudeiro, pelo valor demonstrado nestes treinamentos, podia ser armado cavaleiro, por assim dizer, promovido neste campo, através de uma cerimônia que comentaremos mais adiante. Devia ter mais ou menos vinte e um anos para poder ser iniciado no uso das armas. Estas armas consistiam em: espada na cintura (os não investidos traziam na sela do cavalo), o elmo, escudo e lança[28].

Havia também os jogos e torneios que, sob o pretexto de diversão, escondiam motivos políticos e diplomáticos, celebrações de vitórias e conquistas, alianças, noivados, casamentos, investidura de um novo cavaleiro e o encontro dos nobres da corte, dos jovens e donzelas. Em geral estes jogos eram realizados após o inverno, entre abril e maio, num lugar descampado, perto dos castelos e de onde se tivesse uma boa visão. Nestas ocasiões, os cavaleiros aproveitavam para dar brilho às armaduras ou negociar outra mais nova, comprar ou trocar cavalos, fazer um intenso período de adestramento com mais ânimo e motivação. Tinha a alegria dos escudeiros por apresentarem-se diante de um grande público e dar provas da sua própria habilidade e valentia.

Os jogos reavivavam os sonhos de glória, desejos e esperanças de um possível amor; era o momento dos guerreiros novos, armados recentemente, mostrarem-se aos olhos dos seus, e de modo especial aos olhos da sua Dama Amada. Era a última chance do cavaleiro veterano e decadente provar que sua sorte não estava selada, e refazer suas

---

28 CARDINI. *Alle radici*, 251-252. Cf. também boa reflexão sobre a exercitação e a determinação do cavaleiro para a luta: HARADA, H. À margem de uma comemoração. In: *GS*, 6, (1982), 443-450.

proezas e bravuras[29]. Os castelos e burgos enchiam-se de hóspedes, os acampamentos de tendas e bandeiras multicores, formando aí o berço dos símbolos e da heráldica. Nos jogos se estimulava o orgulho e a honra aristocrática, o erotismo romântico e o luxo.

Este acontecimento de lutas e armas que se torna jogo é uma característica típica do mundo cavaleiresco, que conseguiu fazer lúdico o encontro de proporções estética, romântica e heroica. É a crueldade da guerra envolta num véu de poesia. É ideal humano que atravessa a história a combater por algo que seja bom e compensador. O espírito social busca sempre de novo desembocar nas belas fantasias de uma vida heroica que se cumpre em generosa rivalidade. O conceito de luta nobre sempre será um forte impulso do fenômeno cultural[30].

Não podemos deixar de destacar outro elemento típico da vida cavaleiresca: a poesia. Huizinga, em seu tratado sobre a atividade lúdica do homem, diz: "poesia, na sua função originária como fator jovem de cultura, nasceu no jogo e como um jogo. É um jogo consagrado, e, mesmo com esta sacralidade, toca continuamente a zona do brio, da brincadeira e da diversão"[31]. Os jogos, a dança, a corte de amor, forneceram matéria-prima ao canto dos trovadores.

Para que servia a poesia dos trovadores? Era um modo de misturar a influência religiosa dos hinos com o sentido pagão da vida, o jeito alegre de viver, o amor carregado de prazer, a mobilidade das fantasias, um modo poético de transfigurar a realidade sufocando a sua rudez.

A cavalaria encontrou na poesia, nas canções de gesta, o modo de buscar no mundo exterior estímulos excitantes e alucinantes das próprias energias. Aí entra o elemento mágico e fabular, a superstição

---

29 Quanto ao fenômeno dos jogos e torneios cf. HUIZING. *Autunno*, 103-108; • LE GOFF, J. *L'Uomo Medievale*, 106-107; • FUHRMANN, H. *Guida*, 47; • FLECKENSTEIN, J. *Das ritterliche Turnier im Mittelalter*. Göttingen: Vandenhoeck und Ruprecht, 1985.

30 No que se refere à compreensão do elemento lúdico é de fundamental importância a obra de HUIZING, J. *Homo Ludens*. Turim: Einaudi, 1973.

31 *Ivi*, 1.

medieval, a lírica e a épica, tudo como instrumento de paixão. As poesias cavaleirescas não tinham, de modo geral, um grande valor literátio e artístico; eram mais um ornamento da vida, uma pura expressão de sentimento[32].

O tema central destes poemas era o amor e a mulher, o assim chamado amor cortês, um sentimento novo, que não se baseia na atração física nem na exaltação da sexualidade, mas faz da mulher uma imagem ideal. É um puro encantamento pela dama; o feminino buscado como um ideal distante, como uma afirmação de si mesmo. A dama, a princesa bela, às vezes fria e distante, é uma metáfora de busca para demonstrar audácia e valor.

A mulher aparece como um prêmio, representa uma união, em unidade real, com aquela parte da sociedade machista (e a cavalaria era um movimento exclusivamente masculino) com a beleza reencontrada no feminino.

Marco Bartoli nos diz: "A cultura cavaleiresca representa uma exaltação do amor e da mulher: na realidade, nestas narrativas, a mulher é sim, às vezes, colocada como sobre um pedestal, mas quem a coloca é sempre o homem, a quem ela deve esta sua promoção"[33]. E continua falando sobre a cultura cortês-cavaleiresca: "Registrava-se uma correspondência precisa entre a vida vivida e a vida sonhada, entre a vivência cotidiana e o imaginário fantástico. As virtudes que eram exigidas da mulher eram sempre as mesmas: a prudência, o silêncio, a discrição, a humildade. Todas estas coisas que faziam uma mulher gentil, isto é, como devia ser a filha de um bom "gens", de uma boa família aristocrática"[34].

---

32 HUIZING. *Autunno*, 104-106; • FUHRMANN, H. *Guida*, 43; • LE GOFF, J. *L'Uomo Medievale*, 92.
33 BARTOLI, M. *Chiara d'Assisi*. Roma: Istituto Storico dei Cappuccini, 1989, 36-39.
34 *Ivi*, 38.

Todos estes símbolos traduzem experiências interiores, indicam dados da vida vivida e não somente elaborações intelectuais, que nos ajudam a compreender a base da organização do mito cavaleiresco.

d. As Ordens e os Votos cavaleirescos

O ideal político medieval concebia o império como expressão de ordem divina do mundo, e vê na cavalaria a instituição mais importante para atingir tal finalidade. Por isso não se contenta com um cavaleiro eficiente e corajoso, mas autônomo; quer dar um rumo mais completo, mais justo, mais perfeito. Um cavaleiro solitário nem sempre pode manter uma mística completa. Isto impõe ao cavaleiro um certo empenho da vida interior: ele poderá assumir as tarefas, às quais é chamado sob o plano temporal, somente com a condição de realizar uma vitória sobre si mesmo, de restaurar dentro de si aquela ordem interior destruída pelos pecados pessoais e coletivos.

Quem influenciou muito esta mudança na identidade cavaleiresca foi a Igreja, que introduziu outro nível: o sentido mais importante da missão que o guerreiro medieval tem de realizar é a reconquista de uma condição paradisíaca. Fazer um salto do modo terreno de ser cavaleiro para um modo celeste; passagem esta que é possível realizar seguida de uma ascese rigorosa. Esta parece ser a condição de toda autêntica restauração.

O que significa Ordem neste caso? Tem uma infinidade de significados: desde a santidade mais elevada até a mais simples solidariedade de grupo. Podia ser tanto um corpo social como uma consagração religiosa num mundo que valorizava muito o sacerdócio e a ordem monástica. Ordem é religião, é estar unido a uma entidade com legames sagrados, um obséquio reverencial[35].

A imagem do edifício social aparecia em dois níveis: os príncipes nobres que deviam colaborar com a paz social, sob a delegação de

---

35 HUIZING. *Autunno*, 111.

poderes reais, e, por outro lado, o poder da Igreja atribuindo a Deus o carisma de governar. Assim o cavaleiro aparece como um modo de servir a Deus: pelas armas e pela prece, por desígnio divino. Uma santidade leiga, mais precisamente leiga e nobre, conferindo à atividade militar um valor espiritual[36].

Assim, este jogo da bela vida foi tomando forma de grupo para manter, de modo comunitário, o sonho de coragem, fé e fidelidade. Animados destes nobres propósitos, e sob influxo da pregação eclesial, os cavaleiros começam a viver em confrarias. Nascem assim as Ordens Cavaleirescas de caráter religioso: a Ordem de São Lázaro, que procurava ajudar a resolver os problemas sérios trazidos pela presença constante do mal da época: a lepra. No ano de 1020, a Ordem dos Hospitaleiros de São João de Jerusalém; em 1024 a Ordem de São Cosme e Damião; em 1118 a Ordem dos Templários; em 1179 a Ordem do Santo Sepulcro; em 1190 a Ordem de São Gedeão; em 1191 a Ordem dos Cavaleiros Teutônicos, reservada aos nobres alemães.

Estas primeiras Ordens nasciam como encarnação genuína do espírito medieval, da união dos ideais cavaleirescos com os ideais monásticos, numa época em que a luta contra os muçulmanos era uma realidade gritante em toda a sociedade cristã. Sociedade esta que se sente ameaçada pelo Islã e se defende.

Em Portugal e na Espanha, países ameaçados pela invasão dos mouros, florescem as fraternidades cavaleirescas: Ordem de São Bento d'Aviz, fundada pelo Rei Alfonso Henrique, em 1162; a Ordem de São Tiago da Espada, em 1175; e tantas outras de menor importância.

Todas estas Ordens obedeciam a uma regra monástica: de São Basílio, de Santo Agostinho, de São Bento, e, mais tarde, já pelos anos 1300, onde se tornaram uma espécie de moda, algumas seguiam até a regra de São Francisco. Foram reconhecidas e aprovadas pelos

---

36 DUBY, G. *A sociedade*, 30-32.

Pontífices, obtendo privilégios espirituais, e, dos soberanos católicos, dos grandes feudatários, copiosas doações e numerosas conceções[37].

A Ordem que mais se destacou na defesa da Terra Santa foi a dos Hospitaleiros de São João de Jerusalém, que, combatendo por muitos anos os muçulmanos, tornou-se um glorioso presídio da Cristandade no Oriente. Bem mais tarde assumiu o nome de Ordem de São João de Jerusalém de Rodes e de Malta. Subsiste até hoje e tem a sua sede em Roma, onde continua a desenvolver e organizar por todo o mundo a sua atividade assistencial.

Porém, a Ordem que mais entrou nos poemas cavaleirescos foi a Ordem dos Templários; passou para a história e é, até hoje, circundada de uma aura misteriosa e de legendas populares. Foi fundada, como vimos anteriormente, em 1118, por Ugo de Payans, Cavaleiro de Sciapagna, que junto com outros sete companheiros adotou a regra de Santo Agotinho. Sua finalidade era proteger os peregrinos que chegavam a Jerusalém; nominavam-se "Christi Milites", habitavam num palácio real da Cidade Santa, junto ao Templo de Salomão, por isso tornaram-se conhecidos como "Militia Templi". Esta Ordem foi protegida por São Bernardo de Claraval, que com seus sermões e escritos a enconrajou às virtudes guerreiras transformadas em mística cristã e monástica. A Ordem compreendia cavaleiros, escudeiros, leigos e sacerdotes. Reunia-se em Capítulos, nos quais se discutiam questões mais importantes da vida da confraria. Para seus membros eram obrigatórios os três votos monásticos[38].

---

37 HUIZING. *Autunno*, 112; • FUHRMANN, H. *Guida*, 42-43; • LE GOFF, J. *L'Uomo Medievale*, 95-100.

38 Sobre as Ordens Cavaleirescas existe uma vasta bibliografia. Recomendamos algumas, como por exemplo: GOIAUX, G. *L'Église et la guerre*. Paris, 1934; • COLOMBO, A. Guerra e pace nel mondo cristiano. In: *SCth*, 68, (1940), 321-340; • CARNONE, C. *Ordini Cavalleti*. Milão, 1954; • MORISI, A. *La guerra nel pensiero cristiano dalle origini alle crociate*. Firenze, 1963; • GOSSELIN, N. *Histoire des Ordres Monastiques Religeux et Militaires*. Paris, 1975; • SAN BERNARDO DI CHIARAVALLE. *De Laude Novae Militiae*, trad. e introd. di CARDINI, F. Roma: Volpe, 1977; • PETROMILLI, G. L'Ordine del Tempio. In: *QA*, 2, (1983), 115-117.

Estando engajado nestas ordens, os cavaleiros emitiam os seus votos, que eram formas fixas e coletivas de propósitos para cumprir uma ação heroica. Os votos seguiam, como já dissemos, o esquema monástico: Pobreza, Obediência, Castidade não absoluta, no sentido que o cavaleiro não era obrigado a ser celibatário. Os votos eram uma força interior! Não basta para o cavaleiro possuir as armas terrenas se não empunhar a espada interior que é a força divina[39]. Falemos do rito de acesso ao estado cavaleiresco, conhecido como o Rito da Investidura. O que é a Investidura? É o cerimonial regular de admissão pública à cavalaria. Era dada apenas uma vez na vida de cada guerreiro, por um cavaleiro já constituído, através de um bispo ou de um abade.

Não era, como já dissemos anteriormente, um sacramento, mas uma série de atos e símbolos com caráter religioso. Pela investidura abençoava-se o cavaleiro incutindo-lhe os favores divinos, a perfeição cristã, as graças necessárias para o seu estado, a missão de serviço a Deus, à Igreja e à Cristandade.

Para aquele que recebia a investidura era exigida a *conversio morum*, a prática das virtudes (fé, esperança, caridade, prudência, justiça, fortaleza, temperança), o uso dos sacramentos, participação frequente na Santa Missa e Comunhão, como imprescindíveis suportes espirituais. Ser sempre um exemplo vivo da conversão dos costumes, prática da caridade, usar as armas a serviço dos oprimidos e necessitados, ter muita disciplina, cuidar do corpo que está a serviço da milícia de Cristo. Ter a convicção de que a cavalaria descende da realeza de Deus e de Nosso Senhor Jesus Cristo. A Virgem Maria é a sua Dama Celeste, São Miguel Arcanjo é seu Patrono e Defensor, São Jorge seu arquétipo de santidade cavaleiresca[40].

---

39 AVALLON, R. *Introduzione*, 35.
40 *Ivi*, 34.

O rito da investidura era, em geral, feito durante a celebração da Santa Missa. Começava com a bênção da espada, onde o bispo (ou abade, ou cavaleiro constituído) rezava: "Recebe esta espada e usa-a para a tua defesa e para a defesa da Santa Igreja de Deus, para derrotar os inimigos da cruz de Cristo e da fé cristã, e quanto permita a fragilidade humana, que esta não cause ferida injustamente..."[41]

Em seguida, vinha a investidura propriamente dita, a parte central da cerimônia, onde o cavaleiro era tocado três vezes (duas vezes em cada lado do ombro, e uma vez na cabeça) com a espada, enquanto dizia-se: "Seja cavaleiro pacífico, corajoso, fiel e devoto!" Continuava-se com a *militaris alapa*, isto é, uma leve bofetada na face, pronunciando as palavras: "Acorda do sono do mal e vigia na fé!"

Seguia-se a bênção final com a qual invocava-se a graça divina necessária para o dever e a missão do cavaleiro. E o rito terminava com a convocação dos cavaleiros presentes que, em círculo, tendo nas mãos as esporas das montarias, as impunhavam sobre a cabeça do neoinvestido.

Para concluir este capítulo, onde vimos uma síntese histórica da cavalaria, podemos dizer que o homem medieval soube conceber a sua vida na consciência da sua fragilidade humana, mas também na sua grandeza, fazendo deste paradoxo um quadro existencial humano, e procurando aí método para viver e viver bem.

Partindo de uma visão religiosa, soube conceber a sua vida entre tantos dados históricos grandes e alguns deficientes, mas

---

41 Podemos encontrar o Rito completo da Investidura Cavaleiresca, conferida pelo Bispo, no "PONTIFICALE ROMANO" tradicional. Esta fórmula é imutável desde alguns séculos. No novo "Pontificale di Paolo VI" os sacramentais de caráter militar e reais estão ausentes, não porque perderam o valor, mas porque estão fora de uso. Cf. VOGEL, C. & ELZE, R. *Le Pontifical Romano-Germanique du X s. Le texte*, Vol. 3. Città del Vaticano, 1963-1972; • CARDINI, F. *Alle radici*, 215-242. Interessante seria uma exegese mais detalhada de todo o ritual da investidura, sobretudo do seu valor simbólico e riqueza de texto. O texto original em latim, bastante completo, pode ser encontrado em AVALLON, R. La benedizione del nuovo cavaliere. In: *QA*, 2, (1983), 43-52.

nunca perdeu a força e a crença de que o homem, criado por Deus, é fundamentalmente bom.

Tinha consciência clara de que era peregrino neste mundo, e que precisava organizar, cada lugar do mundo, segundo sua bondade, isto é, respeitando as forças estabelecidas, organizando, mesmo nas situações mais caóticas, um modelo de ordem celeste. Para isto acreditou no cavaleiro e na cavalaria e convocou tudo isto para uma Guerra Santa.

A cavalaria quis ser um estado superior, um modo de viver, por isso soube gozar verdadeiramente, numa intensidade jamais perdida, as coisas, os fatos e a vida. Por isso continua a atrair, continua a evocar, no sonho e no mito, o velho guerreiro a cavalo que vem nos dizer que ainda existe uma tarefa para se cumprir...

"Qual a semântica da espiritualidade? Não só os fatos... mas a reflexão dos fatos!"
(C.G. Bove)

Capítulo II

Os traços cavaleirescos na personalidade e espiritualidade de Francisco de Assis

Não se pode compreender ou escrever uma história sem levar em conta o contexto, o *sitz im leben*, as paixões, vícios, virtudes, experiências religiosas do tempo a que esta história se refere.

Não é nosso propósito reescrever a história de Francisco de Assis, pois já existem tantas biografias oficiais e não oficiais, mas queremos destacar alguns pontos de sua vida.

A ótica deste capítulo é, a partir do cavaleiro medieval, procurar compreender um pouco mais a caminhada de Francisco. Como dizia o astrônomo francês Laland: "Aquele que compilou Regras para milhares de pessoas é certamente um personagem importante. A função de uma Ordem, assim pobre e austera, realizada por um jovem de 25 anos, é algo de extraordinário... e revela um gênio elevado, uma virtude singular, uma férvida devoção, uma eloquência envolvente, um zelo infatigável, uma constância fora do comum".

De onde vem esta força? Certamente de uma vida vivida de maneira apaixonada: um jovem nobre de ideais nobres, que soube fazer nascer nos limites de sua encantadora Assis um projeto de vida universal.

Este jovem, chamado Francisco, soube estar aos pés do Senhor, escutar seu Senhor, seguir seu Senhor, e arrastou atrás de si um grupo todo que jamais deixou de se renovar.

1. FRANCISCO E SEU SUBSTRATO MEDIEVAL

A humanidade só pode crescer na unidade das diferenças; por isso a sua história está repleta de diversidades que dão um colorido próprio a cada geração, com sua originalidade, com sua invenção, com seus riscos.

Compreender o passado é iluminar o presente e motivar o futuro. Nisto tudo não existe uma descontinuidade, "a meditação do passado não é um vão esteticismo. Analisar as interrogações e as respostas, buscar a novidade do próprio tempo não é estéril nem inútil. Não se trata de imitar o passado, mas traduzi-lo, o que supõe um certo tipo de relação entre o agora, antes e depois!"[1]

a. Para uma compreensão do medieval

Uma pessoa deve ser sempre compreendida dentro de seu contexto histórico. Tantas vezes afirmamos que Francisco é uma expressão cristalina do mundo medieval. O que está por detrás desta nossa afirmação? O impulso que os estudos de Paul Sabatier deram e a sua convicção de que "Francisco de Assis foi, por excelência, o Santo da Idade Média"[2]? Como colocar o santo dentro desta época? Como compreender o medieval?

Ter a clareza do que significa o medieval é não deixar-se contaminar pelas ideologias que desejam usá-lo para reforçar suas posições, muitas vezes de um modo superficial, sem fundamentação histórica.

---

1 STIKER, H.J. Un créateur en son temps: François d'Assise. In: *CHR*, 80, (1973), 416-430.
2 SABATIER, P. *Vita di San Francesco d'Assisi*. Milão: Mondadori, 1978, 34.

Diz Sabatier que "O medieval constituiu um período orgânico na vida da humanidade: como todos os organismos poderosos, começou com uma longa e misteriosa gestação, teve a sua juventude, a sua virilidade, a sua decrepitude. O fim do século XII e o início do século XIII assinalam o seu definitivo desenvolvimento orgânico. São anos com sua própria poesia, sonhos, entusiasmo, generosidade, audácia. O amor era abundante em sua força; por toda parte os homens tinham um só desejo: dedicar-se a alguma grande e santa causa"[3].

A Idade Média é um momento cultural, social, religioso, mítico, arcaico, motivo de escândalo e de interesse. Revelou possuir um centro, um cerne muito próprio, e, talvez, exatamente por causa disto, nos legou uma vida cultural e espiritual de rara profundidade.

Os filólogos humanistas da metade do século XV cunharam um termo: a "Idade do Meio" para indicar o período entre a antiguidade e o seu tempo, uma não antiguidade em meio a duas épocas com uma característica exclusiva: uma particular visão de mundo ancorada no transcendente, capaz de impregnar em profundidade cada extrato social[4].

A historiografia também situa a *media aetas* entre o período que vai da morte do Imperador Constantino (306-337) até o saque de Constantinopla pelos turcos, em 1453; ou da época do feudalismo até a Revolução Francesa (1789). Hoje aceita-se mais seguramente o espaço histórico da Queda do Império do Ocidente (476) até a descoberta da América (1492), isto se pensarmos numa delimitação cronológica[5].

Porém nós queremos entender aqui a Idade do Meio como uma idade nuclear, isto é, um período onde a humanidade viveu um MEIO, um Essencial, uma Raiz, uma Identidade. E foi justamente o homem e santo Francisco de Assis quem melhor captou este núcleo da época.

---

3 *Ivi*, 31.
4 FUHRMANN, H. *Guida al Medioevo*. Bari: Laterza, 1989, 2-3.
5 CIRANNA, C. *Riassunto di Storia Medievale*. Roma: Ciranna, 1984, 3.

Para buscar compreender e viver a inspiração franciscana é preciso ter bem claro a época medieval. Ao viver intensamente o seu momento, Francisco o transformou de história em história espiritual. Recordo as palavras de Hermógenes Harada num encontro de Leitura de Textos Franciscanos: "Todas as épocas e períodos da humanidade possuem suas superfícies e seus subterrâneos profundos. Francisco, na Idade Média, não ficou na superfície, mas foi à raiz, ao centro energético de tudo, e aí captou todas as suas forças. Existe um perigo hoje: permanecermos apenas na superficialidade e não ser capazes de captar as energias que brotam do subterrâneo da Idade Média e nem as energias que brotam do subterrâneo da nossa epocalidade".

Este Pobre de Assis, porque viveu bem o particular de sua época, tornou-se universal, e "continua a provocar interesse e ocasiões celebrativas"[6]. No concreto da sua época ele viveu o Núcleo Absoluto, a Essência do humano e do divino, por isso desperta interesse, é amado, estudado, "se escrevem bibliotecas inteiras"[7], mas nele haverá sempre algo para se descobrir: "Francisco não necessita de biógrafos. Estes dispõem de sete séculos, e nenhum deles ainda soube penetrar plenamente o segredo da sua personalidade. Mas é verdade o contrário: Os biógrafos precisam de Francisco! Cada geração sente a necessidade de fornecer a "sua" versão do "seu" Francisco, de interrogar-se sobre o que ele tem a dizer-lhes"[8].

A precisão e a distância cronológica não são essenciais quando se faz o confronto com um homem assim, "em quem é imersa, de modo excepcional, a natureza humana nos seus impulsos constitutivos, na densidade ontológica, nas formas existenciais inéditas, mas que, no encontro com a realidade, é constrita a reexplicar-se em tempo propício"[9].

---

6 CARDINI, F. *Francesco d'Assisi*. Milão: Mondadori, 1989, 24.
7 *Ivi*, 25.
8 *Ivi*, 26.
9 BALDUCCI, E. *Francesco d'Assisi*. Firenze: Cultura della Pace, 1989, 5.

Francisco atravessa o tempo sempre sugerindo, sempre sendo um polo de atração, como diz Balducci: "Desejaria conduzir meus leitores a reconhecer em Francisco aquele excesso de humanidade que, quando aparece, vem acolhida com admiração, entre as pretensões do homem histórico, e que hoje tem diante de si condições aptas para fornecer-lhe carne e sangue. Sendo assim, o fenômeno Francisco sai do âmbito especializado da hagiografia e entra naquele da antropologia, sai do espaço sagrado e entra no espaço leigo"[10].

Na diversidade da sociedade medieval, entre nobres, mendicantes, guerreiros, camponeses, cavaleiros, monges, jograis, ricos e pobres, existe um modelo de homem? A resposta é afirmativa. Poucas épocas da história tiveram, como o período medieval, "a convicção da existência universal e eterna de um modelo humano"[11].

A busca de um modelo humano está presente na interrogação que Frei Masseo põe diante de Francisco:

> *"Estava uma vez São Francisco no convento da Porciúncula com Frei Masseo de Marignano, homem de grande santidade, discrição e graça em falar de Deus, ao qual, por esta razão, o santo muito amava. Ora, um dia que São Francisco, terminada a oração, vinha saindo do bosque, quis o dito Frei Masseo provar até onde chegava a sua humildade; foi-lhe ao encontro, e em ar de repreensão, disse:*
>
> *– Por que a ti, por que a ti? Por que a ti?*
>
> *E São Francisco respondeu:*
>
> *– Que queres dizer?*
>
> *Respondeu Frei Masseo:*
>
> *– Digo: donde vem que todos correm a ti e cada qual parece que só deseja ver-te e ouvir-te e obedecer-te? Tu não és formoso de corpo, não possuis grande ciência,*

---

10 Ibid.
11 LE GOFF, J. *L'Uomo Medievale*. Roma-Bari: Laterza, 1983, 3.

não és nobre; donde vem, pois, que toda gente corre atrás de ti?

Ouvindo isto o Santo, com grande alegria de espírito, levantando o rosto para o céu, esteve, por largo espaço, com a mente elevada em Deus; e depois que voltou a si ajoelhou-se, deu graças e louvores ao Senhor, e logo, com muito fervor, voltando-se para Frei Masseo, disse:

– Queres saber por que a mim? Queres saber por que a mim? Queres saber por que a mim toda a gente corre? Isto me vem dos olhos do Altíssimo Deus, os quais por toda a parte contemplam os bons e os maus; e como estes olhos santíssimos não descobriram entre os pecadores nenhum mais vil, nem mais ignorante, nem maior do que eu; e como, para levar a cabo a maravilha que intentava, não achou, sobre a terra, mais vil criatura, escolheu-me a mim para confundir a nobreza, e a grandeza, e a força, e a formosura, e a grandeza do mundo, para que se reconheça que toda a virtude e todo o bem lhe pertencem e não à criatura, e que ninguém se pode gloriar em sua presença; mas, se alguém se gloriar, glorie--se no Senhor, a quem pertence toda a honra e glória, por toda a eternidade”[12].

b. A religião como modelo

Nesta sociedade, dominada pela religião, o modelo vinha sempre definido a partir da religião, como também chama atenção Le Goff: “e, em primeiro lugar, pela mais alta expressão da ciência religiosa: a teologia”[13]. O homem era conhecido a partir da sua capacidade de crer e participar de uma estrutura de inspiração eclesial.

Eram poucos os que negavam a Deus, embora não se possa ignorar as reações anticlericais, as contestações doutrinais existentes. P. Sabatier afirma que: “Os conservadores de nosso tempo, que se

---

12 *I Fior*, 10.
13 LE GOFF, J. *L'Uomo Medievale*, 3-4.

voltam para o século XIII como a idade de ouro da fé imposta, cometem um estranho engano. Se é o século dos santos, por excelência, é também aquele dos heréticos"[14]. Religião era uma palavra forte e significativa. Francisco mesmo a tomou como um lugar existencial. Podemos encontrá-la em inúmeras citações, por exemplo:

> *"O irmão Francisco e quem quer que esteja à frente desta Religião, prometa obediência e reverência ao Senhor Papa Inocêncio e aos seus sucessores"*[15].

> *"Depois não lhe será lícito passar a outra Religião, nem andar fora da obediência, conforme está mandado pelo Senhor Papa e em conformidade com o Evangelho..."*[16]

> *"E deposto o hábito seja expulso da nossa Religião"*[17].

> *"... e não se desviem da nossa Religião"*[18].

> *"Esta é a santa Ordem dos Frades Menores, a maravilhosa Religião de homens apostólicos, digna de ser imitada"*[19].

Estar dentro de uma estrutura religiosa era, para o medieval, moldar um comportamento. Entra-se numa organização para trabalhar um modo de ser. É definir bem o lugar do encontro. O homem medieval tinha menos dificuldades com certas palavras, como por exemplo: superior, senhor, súdito, servo, obediência. Entrava ali para testar uma experiência, uma coerência de vida. A organização era respeitada como vontade de Deus e esta falava através dos princípios hierárquicos[20]. O medievalista Le Goff diz que "sob o plano social e político, o homem medieval obedecia superiores, clérigos, reis, senhores, chefes municipais. Sob o aspecto intelectual, mental,

---

14 SABATIER, P. *Vita*, 32.
15 *RnB*, Prólogo, 3.
16 *RnB*, II, 10.
17 *RnB*, XIII, 2.
18 *RnB*, XIX, 3.
19 DA VITRY, G. L'Ordine e la Predicazione dei Frati Minori. In: *FF, 2229.*
20 LE GOFF, J. *L'Uomo Medievale*, 37.

religioso, obedecia tudo o que o cristianismo histórico lhe impunha: a Bíblia, os Padres da Igreja, os Mestres..."[21] A autoridade tinha um valor abstrato e superior. A grande virtude exigida tinha bases religiosas e chamava-se: Obediência!

A união do ideal, vontade e disciplina, fazia, como já vimos, que até os cavaleiros recorressem a uma Ordem para que "neste gênero de vida e numa especialização profissional trabalhassem uma missão ética e um programa social: fazer-se cavaleiro, unir proeza e sabedoria, exercício e força, no culto da justiça"[22].

Assim também Francisco integrou-se neste espaço cultural e estrutural de regras, votos e fidelidade, e até privações, para submeter-se e cumprir o que havia prometido.

Francisco apropriou-se desta inspiração de sua época e a traduziu num ideal mais complexo: "Estava o jovem Francisco a caminho da Apúlia. Ia alistar-se no exército do mais valoroso cavaleiro da época. Iria ser cavaleiro fidelíssimo, como lhe ditava sua alma bem-feita. Iria ser, breve, o grande senhor que já via em sonhos... Do ideal cavaleiroso terrestre, passou para um ideal sobrenatural. Em vez do mais valoroso cavaleiro da época, com quem buscava a própria glória[23], voltou-se para Deus, buscando unicamente a glória de Deus. Tão ardoroso foi o jovem em seu novo e sobrenatural cavaleirismo, que em tempo incrivelmente breve galgara os mais altos cimos da perfeição cristã"[24].

---

21 *Ivi*, 38.

22 CARDINI, F. *Alle radici della cavalleria medievale*. Firenze: La Nuova Italia, 1981, 32.

23 "Poucos anos depois, um fidalgo de Assis, desejoso de acrescentar sua fortuna ou glória, resolveu pegar em armas para fazer guerra na Apúlia. Sabendo disso, Francisco logo desejou acompanhá-lo; e, para se tornar cavaleiro às ordens do conde Gentil, mandou fazer roupas mais ricas possível, pois, se era mais pobre que seu compatriota, era mais generoso na liberalidade" (*3Comp* 2,4).

24 KOSER, C. *O pensamento franciscano*. Petrópolis: Vozes, 1960, 12.

c. A luta entre o bem e o mal

O medieval não foi um personagem tranquilo. Estava sempre em luta, numa luta que ia além de suas possibilidades; luta entre o bem e o mal, Deus e o demônio. Por isso mesmo não se acomoda, está sempre em estado de batalha. É preciso limpar dentro de si e na vida aquilo que não é bom; é necessário chegar a uma retidão de vida. Não adianta lutar por uma ordem externa se o interior não tiver conquistado a própria harmonia. Com isto podemos entender porque nesta fase da história floresceram os ascetas, monges e penitentes.

Ao eliminar os vícios se nasce para uma postura mais nobre, mais livre, mais digna e muito mais transparente. Esta realidade encontramos no testemunho dos textos franciscanos, num modo muito simples de mostrar como a comunidade primitiva franciscana, vencendo "este gênero de espíritos malignos"[25], ia firmando a sua vida num ideal muito grande. Superar tentações, pecados, demônios... pertence ao caminho da perfeição; é um processo de ir aparando as arestas:

> *"Não foram os demônios que o crucificaram, mas tu com eles o crucificaste, e ainda agora o crucificas, quando te deleitas em vícios e pecados"*[26].

> *"... porque, procedendo assim, nenhum outro inimigo visível ou invisível lhe poderá fazer mal"*[27].

> *"Todos os irmãos se ocupem ardorosamente em trabalhos honestos, pois está escrito: Entretém-te sempre nalgum bom trabalho, para que o demônio te encontre ocupado"*[28].

---

25 *RnB* III, 1.
26 *Adm* V, 3.
27 *Adm* X, 4.
28 *RnB* VII, 10.

"Não tardou a resposta do céu, fazendo-lhe ver que Deus o enviava com o fim de reconquistar para Cristo as almas que o demônio tentava roubar"[29].

"Lutava corpo a corpo com o diabo, porque nesses lugares não só o tentava interiormente, mas também procurava desanimá-lo exteriormente com ruínas e destruições"[30].

"Quanto maiores seus carismas, mais sutis eram as tentações e mais pesadas as lutas"[31].

d. O Homo Viator

Outra característica do medieval é aquela de sentir-se um viandante, um peregrino, sempre a caminho, porque está em viagem neste mundo, na sua vida, no seu espaço, no seu tempo. É o *homo viator* que procura o seu destino de vida e de morte e vai andando, segundo suas escolhas, rumo a eternidade. Como nos lembra Le Goff: na paisagem medieval "paradoxalmente até o monge caminha, ele que, ligado por vocação a um lugar de clausura, vai frequentemente pelas estradas. No século XIII, os frades da Ordem dos Mendicantes, com Francisco de Assis à frente, estavam sempre *in via*, na estrada, como nos seus conventos"[32].

O medieval é um peregrino por excelência, por vocação, por essência, por risco[33]. Os três lugares mais importantes de peregrinação na Idade Média eram: Jerusalém, Roma e Santiago de Compostella, sem contar os lugares menores e inúmeros santuários. Cada ser humano era um peregrino em potencial com toda a sua riqueza simbólica. A estrada se torna um lugar para medir a estabilidade, a moral, a

---

29 *LM* IV, 2.
30 *1Cel*, 72.
31 *2Cel*, 115.
32 LE GOFF, J. *L'Uomo Medievale*, 8.
33 Ibid. O autor chama a atenção de que, "no século XIII, a forma mais cheia de riscos, porém a mais alta modalidade de peregrinação, eram as Cruzadas".

salvação, o espírito errante, missionário, vagabundo[34]. Podemos ir colher este significado nas Fontes:

> "Os irmãos não tenham propriedade sobre coisa alguma... mas, como peregrinos e viandantes que neste mundo servem ao Senhor..."[35]

> "... os frades devem habitar nas casas onde moram como estrangeiros e peregrinos"[36].

> "... ao irem pelo mundo"[37].

> "Por esta época realizou uma peregrinação ao túmulo de São Pedro"[38].

> "... a inquietação de Frei Lúcio que estava sempre muito preocupado, não querendo ficar em um lugar mais de um mês, pois quando começava a gostar de um lugar punha-se de novo a caminho, dizendo: 'Não temos morada aqui, mas no céu'"[39].

> "Indo São Luís, rei de França, em peregrinação visitar os santuários pelo mundo, e ouvindo a fama grandíssima da santidade de Frei Egídio, o qual fora dos primeiros companheiros de São Francisco..."[40]

e. A penitência como caminho para eliminar os excessos

Outra concepção do medieval é a do penitente. Mesmo os que não eram monges enclausurados ou itinerantes, eram penitentes que procuravam este meio para se livrarem dos pecados e assegurar a salvação. E não somente em vista do pecado que lhe era inculcado, mas também o medieval respondia com penitência a uma calamidade, um aconte-

---

34 LADNER, G.B. Homo Viator: Medieval Ideas on Alienation and Order. In: *Speculum*, 63, (1967), 235.
35 *Rb* VI, 1-2.
36 *LP* 102.
37 *Rb* III, 10.
38 *LM* I, 6.
39 *Sp* 85.
40 *I Fior* 34.

cimento que lhe perturbava, uma situação que devia contestar. Pela penitência engajava todo o seu ser, canalizava todo o sentimento, exercitava a vontade.

Para Francisco e seus primeiros companheiros a penitência é uma carta de identidade porque faz parte de um projeto de vida: eliminar o próprio eu para deixar transparecer o Senhor, é como ele mesmo diz no início do Testamento de 1226:

> *"Foi assim que o Senhor me concedeu a mim, Frei Francisco, iniciar uma vida de penitência..."*

Desta primeira frase do Testamento podemos ver que, "para ele, penitência significa aquela reviravolta que leva o homem de uma vida instintiva centrada sobre o próprio eu para uma vida inteiramente sujeita e abandonada à vontade, e a senhoria de Deus"[41].

Para o medieval, ser penitente é sair do mundo secular e entrar mais no espaço do divino, individualmente ou fazendo parte de um grupo:

> *"Diziam: 'De onde sois?' Ou então: 'A que Ordem pertenceis?' E eles respondiam com simplicidade: 'Somos penitentes e viemos da cidade de Assis'"*[42].

> *"Era constante sua vigilância sobre si mesmo e rígida sua disciplina"*[43].

> *"... fundador e chefe da Ordem dos Frades Menores, propagador da pobreza, modelo de penitência, pregador da verdade, espelho de santidade e exemplo acabado da mais alta perfeição evangélica"*[44].

O fazer penitência está no cerne do ideal de Francisco, no seu pensamento e na sua ação; aparece de um modo muito evidente numa carta que escreveu aos "Irmãos e Irmãs da Penitência"[45]. Atra-

---

41 ESSER, K. *Origini e inizi del movimento e dell'ordine francescano*. Milão: Jaca Book, 1975, 197.
42 *3Com* 37; *AnP* 19.
43 *1Cel* 42.
44 *LM* IV, 8.
45 *Cta e Ctb* aos fiéis.

vés da penitência molda a sua existência carismática para entregá-la totalmente ao Senhor[46].

f. O Santo Propósito

O espírito de aventura, um sonho movente, um impulso, um ainda não ser, mas querer ser, querer dar o melhor de si, ia criando um vigor próprio:

> *"O que pensais de mim? Ainda serei venerado pelo mundo inteiro?"*[47]
>
> *"Sei que hei de me tornar um grande príncipe"*[48].
>
> *"Dissestes a verdade, eu estava pensando em escolher uma esposa, a mais nobre, a mais rica e a mais bela que jamais vistes"*[49].

Assim viveu Francisco, como os heróis dos romances cavaleirescos, imaginando, avançando a olhar apenas em frente, imerso em pensamentos profundos, confiando nos sonhos, abandonando-se à Providência. Como nos recorda Cardini: "andar sem ter pra onde, mas sabendo um porquê"[50].

Quem parte para a conquista quer encontrar e provar alguma coisa: a si mesmo, seu valor, seu destino. Por isso consegue dialogar com o mais profundo, entrar numa espécie de transe, tentar decifrar o núcleo, o enigma escondido. Esta busca se transforma numa conquista superior. É a procura do Santo Graal. O Santo Propósito. A verdade transformadora de Francisco é o modo como ele acredita apaixonadamente no seu projeto:

---

46 Cf. PAZZELLI, R. *San Francesco e il terz'ordine* – II movimento penitenziale pre--francescano e francescano. Pádova: Messagero, 1982.

47 *3Comp* 2,4.

48 *3Comp* 2,5.

49 *3Comp* 2,7.

50 CARDINI, F. *Francesco*, 52.

"Guardava o firme propósito"[51].

"Não ia cantando, mas meditando com atenção. E, de repente, o Senhor o visitou, e seu coração ficou repleto de tanta doçura, que não podia nem falar, nem se mexer..."[52]

g. A *"floresta dos símbolos"*

O medieval está sempre empenhado em decifrar. Gosta do símbolo e nele vive imerso. O símbolo está presente na arquitetura eclesial, nas cerimônias, nas formalidades políticas, nas bandeiras e estandartes, nos emblemas, nas armas, nas legendas, nas alegorias.

"Falava, porém, cautelosa e enigmaticamente, dizendo não querer ir às Apúlias, pois na própria terra faria grandes e nobres coisas"[53].

"'Francisco, queres casar-te?' Ele lhes respondia com certo enigma, como ficou dito acima"[54].

Este aspecto simbólico é sempre direcionado para o espiritual, nada pode destruí-lo porque se orienta para a luz. O símbolo também faz parte do núcleo medieval e lhe abre tantas portas de compreensão. Esta é a diferença entre o medieval e o moderno. Nós, hoje, pela displicência quanto ao valor simbólico das coisas, esvaziamos e mecanizamos o sentido de tudo. Naquele tempo o símbolo conferia, mesmo às palavras, um fervor todo especial, contemplativo, desvelado[55].

Com esta visão, o homem medieval vai vivendo a sua tensão, sobretudo as duas tensões fundamentais: fé e a realidade do mundo, a imanência e a transcendência. "Francisco viveu isso em sua carne e espírito e inculcou esta tensão em seus frades, e de um modo quase

---

51 *3Comp* 1,3.

52 *3Comp* 3,7.

53 *3Comp* 5,13.

54 Ibid.

55 Sobre os símbolos medievais Cf. DAVY, M.M. *Introduzione al Medio Evo*. Milão: Jaca Book, 1981; • DE CHAMPEAUX, G. & STERCKX, S. *I Simboli del Medio Evo*. Milão: Jaca Book, 1981.

exclusivo e transcendente. Esta era a sua *Weltanschauung*, a alegoria da realidade mundana, transitória e caduca, suspensa entre o nada e a nova realidade escatológica. Esta é a expressão simples e genuína da esperança franciscana"[56].

h. *O fascínio das legendas*

Na conhecida Carta de Greccio, que alguns estudiosos colocam como introdução à Legenda dos Três Companheiros, podemos ler:

> *"A nossa narração não pretende ser uma legenda, porque já foram escritas várias sobre a vida do Santo e sobre os milagres que Deus operou por ele. Como em ameno prado, vamos colher as flores que nos parecem mais belas. Não seguimos a ordem cronológica e omitimos de propósito coisas já contadas, com verdade e elegância, nas ditas legendas"*[57].

Falar de Francisco é falar a partir do mundo fascinante das legendas; "ele não é um personagem banal, é um herói de legenda, um santo popular! Isto nos convida a confrontar o nosso presente com as gestas deste santo medieval. Mais que formar é converter. Não é só saber a beleza de sua vida, mas seguir!"[58]

A ação de Francisco se desenvolve num momento muito especial do mundo medieval: é hora de transformação, a feudalidade perde a sua força, a cidade baseada no mundo comercial traça um futuro de desenvolvimento. Francisco está sobre a linha de demarcação de dois mundos: segurar os valores adquiridos e arriscar uma mudança total[59].

A Cristandade se sente ameaçada. Há no ar o desafio dos muçulmanos que ocupam a Terra Santa e impedem o acesso ao Santo

---

56 NICOLOSI, S. *Medioevo Francescano*. Roma: Borla, 1983, 229-230.

57 *3Comp*, Prólogo, 1.

58 DUQUOC, C. & FLORISTAN, C. Francesco d'Assisi, oggi. In: *Conc.*, 9, (1981), 11-12.

59 LE GOFF, J. Francesco d'Assisi tra i rinnovamenti e le remore del mondo feudale: *Conc., 9* (1981), 13-25.

Sepulcro. A luta entre as duas religiões recorda a luta cósmica de oposição entre o Bem e o Mal. Cada uma das partes está convicta que defende a causa do Bem. Não são somente ilusões e sonhos, existe uma guerra real e não fantasiosa. Daí nasce a narração épica: em estreita relação com o fato.

Dentro desta ebulição histórica Francisco surge como portador de um espírito, de um testemunho, de uma inspiração de vida para vencer todos os conflitos. Ele enfrentou corajosamente, serenamente, com uma vontade férrea, indestrutível, o desafio de sua época.

E é exatamente disto que as legendas nos falam. "Que ele não foi um homem de doutrina, nem teólogo, nem governo, foi somente um seguidor fiel de seu Senhor e da Senhora Pobreza. Como tal é reconhecido e passa para a posteridade. O que dele se conta não depende, na sua totalidade, da história científica. Esta é uma instância crítica, que não consente a um personagem atravessar a espessura da história. A ciência não cria o herói e o santo. A legenda, ao contrário, torna possível tal acontecimento"[60].

A legenda atualiza certos aspectos já perdidos de Francisco e produzem um efeito sócio-histórico. Sem a legenda Francisco seria um cristão santo entre outros, não seria uma inspiração para se fazer caminho. A legenda leva a um confronto: os heróis existem porque as legendas existem e porque habitou nas legendas, Francisco mora em tudo que se escreve, fala e pensa sobre ele. "A história da herança franciscana, com as suas disputas, arrojos, divisões, renovamentos, testemunha a necessidade da legenda: é o narrar as gestas de Francisco que consente à herança atravessar o tempo, e ser criativa. Não são as constituições nem as normas que permitem isto... Um movimento sem legenda, sem testemunhar o espírito, desperdiça energias e não consegue assegurar a sobrevivência"[61].

---

60 DUQUOC, C. Francesco e il valore teológico della leggenda. In: *Conc.*, 9, (1981), 134.
61 *Ivi*, 139-140.

> *"Não nos move simplesmente o desejo de relatar milagres, que não constituem a santidade, mas apenas a mostram. Nosso propósito é referir os fatos notáveis de sua vida santa e a vontade de em tudo seguir a voz divina..."*[62]

A legenda é uma narrativa transformadora. Carrega em si a resistência, a revolta, a provocação, um certo ar de subversão. Ela convoca à ação, à imitação, a fazer sempre novo e vivo movimento. Francisco não é apenas uma reflexão teórica doutrinal, é herói de uma legenda, um santo de seu tempo que permanece até hoje com incrível novidade. É preciso perceber nele e no mundo medieval este aspecto e apaixonar-se pelo vigor presente na narrativa, assim, as palavras dos Três Companheiros não soam em vão:

> *"Cremos que, se estes fatos fossem do conhecimento dos homens veneráveis que as redigiram, de forma alguma teriam deixado de narrá-los, antes os teriam ornado com estilo elegante e os teriam transmitido à memória da posteridade"*[63].

Assim como eram lidos os romances cavaleirescos, com a finalidade de entrar na força de uma inspiração, assim também deve ser buscada a vida de Francisco: uma articulação muito transparente de um Ideal!

2. A nobreza de sua juventude

Na vivência medieval, e de um modo específico no ideal cavaleiresco, destaca-se a nobreza. O que é a nobreza? O que é ser nobre? Por que dizemos que ser nobre foi uma tônica e uma procura durante a juventude de Francisco? É o que queremos elucidar nesta parte de nossa reflexão.

---

62 *3Comp*, Prólogo, 1.

63 Ibid.

A Legenda dos Três Companheiros mostra de um modo preciso a naturalidade nobre de Francisco:

> *"As virtudes naturais foram os degraus de que a graça divina se serviu para o elevar a ideais mais nobres"*[64].

A alegre, mas não decadente, juventude de Francisco foi o prelúdio natural de um ideal maior, de propósito sobrenatural que vai emergindo com muita espontaneidade e dedicação. Uma liderança carismática, uma jovial fraternidade, um modo de amar apaixonado, uma nobreza de sentimentos são a marca registrada deste período de sua vida[65]:

> *"Durante a guerra entre Perusa e Assis, Francisco com muitos de seus concidadãos foi aprisionado e encarcerado em Perusa; mas como era nobre em costumes, foi colocado como prisioneiro entre os cavaleiros. Certo dia, estando seus companheiros de prisão dominados de profunda tristeza, ele, de natural folgazão e jovial, não se mostrava abatido, mas alegre. Por isso, um dos companheiros o chamou de louco, porque se alegrava mesmo estando na prisão. Francisco lhe respondeu em tom convicto: 'O que pensais de mim? Ainda serei venerado pelo mundo inteiro'. Como um dos soldados tivesse injuriado a um companheiro e, por esta causa, todos dele queriam afastar-se, só Francisco não lhe negou a amizade e exortou aos outros a fazerem o mesmo"*[66].

> *"Depois que voltou a Assis, certa noite foi escolhido como líder pelos seus companheiros..."*[67]

a. Ser nobre em costumes

Um dos textos acima citados nos dá a expressão: nobre em costumes. O que isso significa? É um termo medieval que quer mostrar

---

64 *3Comp* 3,3.
65 Cf. D'ANVERSA, F. L'allegra giovinezza di San Francesco. In: *IF*, 4, (1926), 273.
66 *3Comp* 2,4.
67 *3Comp* 3,7.

algo mais do que uma simples herança, um título, uma tradição familiar do assim chamado sangue azul.

Quando se fala de nobre, neste contexto, quer-se revelar uma identidade não jurídica, mas existencial, um modo de ser daquele que tem postura nobre, daquele que é naturalmente nobre. Não é um humano qualquer, um humano que se contenta com o banal. É algo mais forte, mais vigoroso! Possui um projeto de vida e o persegue com todas as suas forças. Quem tem um projeto de vida sempre tem algo para transmitir, possui uma atração muito especial, revela o humano nobre. Afirma Delort: "o nobre se distingue dos outros por um gênero de vida, por uma mentalidade toda particular, por saber morar, saber vestir, saber exprimir um sentimento, por acreditar em laços edificantes, por inspirar-se em heróis e ter um modelo de vida, por saber ocupar-se, pelo espírito de combate"[68].

Ser nobre é dar um sentido a tudo o que se faz. É não gastar, não desgastar a vida por pouca coisa, é ter uma medida de grandeza: "A grandeza de uma época depende da quantidade de pessoas capazes de sacrifícios, qualquer que seja o objeto destes sacrifícios. E, neste sentido, o mundo medieval não está atrás de nenhuma época. Dedicação é sua palavra de ordem! Dedicação e não apenas garantia de um soldo seguro. Com que coisa começa a grandeza? Com a empenhada entrega a uma causa... a grandeza é uma ligação entre um determinado espírito e uma determinada vontade"[69].

Ao dizer: "serei venerado pelo mundo inteiro", Francisco testemunha esta convicção que acima referimos. Aparece aí uma ambição muito sadia. Não é uma vontade egoísta, porém uma vontade que visa uma plenitude: se quer ser, tem que ser o melhor! O entusias-

---

68   DELORT, R. *La vita quotidiana nel medioevo*. Roma-Bari: Laterza, 1989, 144.
69   Esta é uma afirmação de Jacob Burckhardt defendendo a grandeza do mundo medieval como a nossa "real existência". Texto citado por FUHRMANN, H. *Guida al Medioevo*. Bari: Laterza, 1989, 24.

mo aparece como uma força, como um sonho, um impulso. É um fenômeno sonhar, querer, buscar!

Isto caracteriza a nobreza de Francisco: este impulso interno para algo que vale a pena viver, algo em que vale a pena viver, algo em que vale a pena investir! É tão convicto de seu sonho, de seu ideal, que não se sente ofendido quando seu companheiro de prisão o considera louco. Mesmo nesta situação não perde a sua postura de nobre.

Ser nobre é ser transparente, sereno, não agressivo, ser cada vez mais nítido e seguro naquilo que se quer.

Mas vamos a alguns pontos da história para ilustrarmos o que acabamos de afirmar, e situar Francisco dentro da época e do espaço onde viveu a sua rica juventude.

Entre o final do século XII e inícios do século XIII, na Itália, temos no meio do povo aqueles primeiros movimentos de revolta que transformaram as instituições civis e sociais de toda a Europa: o fim do regime feudal. O partido dos Guelfos (popular-eclesiástico), contra o partido dos Guibelinos (imperial). O triunfo dos guelfos dá início à época gloriosa da municipalidade (a *Comune*) e da República[70]. A cidade de Assis não permaneceu estranha a este movimento. Foi palco de conflitos. Em 1118, o povo mais o grupo dos "Maggiori" tomam de assalto a Rocca e expulsam de lá o Conde Corrado de Svevia, que do alto da fortaleza, dominava a cidade.

Tudo isto aconteceu quando Francisco tinha 20 anos e participou do assalto e da destruição da Rocca Maggiore. Vencida esta batalha construiu-se o muro em torno da cidade. Não viveu aí Francisco a sua primeira experiência militar? Nenhum dos biógrafos narram estes fatos... mas existem provas de que o povo participou da ação belicosa e da construção da muralha[71].

---

70 Cf. FACCHINETTI, V. *San Francesco d'Assisi nella storia, nelle leggende, nell'arte*. Milão: Santa Lega Eucaristica, 1926, 20-32.
71 Cf. FORTINI, A. *Nova vita di San Francesco*. Roma: Carucci, 1981; • WALEY, D. *Le istituzioni comunali di Assisi nel passaggio dal XII al XIII secolo: Assisi al tempo di*

Neste ambiente Francisco vem saudado como o príncipe e líder da juventude dourada de sua cidade. Sabia muito bem unir o seu espírito batalhador, a sua alma de cavaleiro à ânsia de liberdade e independência. No meio de tanta tensão não perdeu o seu entusiasmo por todas as causas nobres e generosas: uma profunda simpatia para com os pequenos, os frágeis, os oprimidos, o imenso povo dos "Minori", expulsos e usados pelos potentes tiranos. "Pertencia ao povo e o povo se reconhecia nele"[72].

Aos 22 anos participou da luta cruenta entre Assis e Perusa, na primavera de 1204. Derrotado, foi feito prisioneiro. Ele não era desconhecido na vizinha Perusa, provavelmente por ser de uma boa família de burgueses, pelo seu fino trato, pela sua linguagem, pelas suas virtudes.

Não deixa de ser virtuoso no meio da aflição e das durezas do cárcere. Conserva a força da alma, o constante bom humor, a palavra de esperança e encorajamento.

> *"A ternura e a doçura do servo de Deus eram como um caudal nele derramado pela fonte de toda bondade. Para aliviar as desgraças dos infelizes, parecia dotado de entranhas de mãe..."[73]*

> *"... dotado de espírito vivo, exerceu o ofício de seu pai, o comércio, mas de modo muito diferente do dele: era mais generoso e mais alegre, entregava-se aos divertimentos e ao canto..."[74]*

> *"era delicado de maneiras e de linhagem, tendo resolvido não dizer a ninguém qualquer palavra injuriosa ou grosseira"[75].*

San Francesco. Atti del V Convegno Internazionale, Assisi 13-16 Ottobre 1977, Società Internazionale di Studi Francescani, Assisi 1978, 133-147.
72 SABATIER, P. *Vita*, 34.
73 *LM* 7.
74 *3Comp* 1,2.
75 *3Comp* 1,3.

Na sua vivência em Assis, como um jovem capaz de levar em frente toda uma geração, ele encontrou os instrumentos necessários para construir sua personalidade. Da língua materna herdou o gosto pelo cantar dos trovadores, e a usava nos momentos de grande alegria: nas encenações populares das gestas dos cavaleiros carolíngios e bretões, na exultante reunião das brigadas juvenis de sua cidade, no fascínio do feminino que tocava o seu coração... tudo era uma fonte de metáforas a incutir coragem na sua nova aventura de amor[76].

Propõe-nos Balducci que "Francisco, rei da festa, é o limite em que o 'eros', forma refinada de vontade, de potência, é chamado a confrontar-se com 'ágape', cuja essência é o dom total e gratuito de si"[77]. A sua generosidade vem de uma mente sadia que gera uma atitude de desprendimento e doação. E completa Koser: "Os cavaleiros do amor não podem deixar de empreender a conquista com alegria, generosidade, denodo e fortaleza"[78].

b. O saber guardar-se

Mesmo vivendo no "tumulto da festa"[79], Francisco soube guardar-se:

> "Não revelava o seu segredo a ninguém e, sobre isto, a nenhuma pessoa pedia conselho, exceto a Deus, que começara a orientar o seu caminho"[80].

Num mundo que o convocava cada vez mais para expor-se, Francisco sabe ocultar-se. O que isto quer dizer? Para ele é importante manter o seu segredo a fim de não contaminar a grandeza de seu ideal, nem deixar que ele se esvazie no confronto com a normalidade.

---

76 BALDUCCI, E. *Francesco*, 13.
77 *Ivi*, 18.
78 KOSER, C. *O pensamento*, 159.
79 *3Comp* 3,8.
80 *3Comp* 3,10.

O importante é que apareça não o que faz, mas na sua obra surja a transparência do Amor que o move.

Quem é tocado pelo dedo do Amor verdadeiro guarda segredo. Não é só o fato de não revelar a ninguém, mas é mais do que isso, é estar no apreço deste segredo, é o "guardar o suave"[81]. É difícil encontrar alguém que possa compreender, por isso "ocultava aos olhos dos iludidos a pedra preciosa que desejava comprar, mesmo tendo que vender tudo"[82]. Mas trabalhar este segredo é estar na espera de encontrar alguém com quem possa sintonizar. É comunhão de almas, é sintonia íntima. É encontro silencioso de duas almas e não publicidade. É ir à convicção que vai se criando no silêncio, e não no barulho e rumor de ser igual a todo mundo.

> *"Desde então ficou tão cheio de contentamento, que, não cabendo em si de alegria, mesmo sem querer, confiou discretamente a algumas pessoas algo de seus segredos"*[83].

O segredo é uma coisa preciosa, íntima, profunda. Mas tem que germinar no escondido. Não é este o movimento da terra? Onde a semente nasce e cresce, se não no escondido? É preciso deixar germinar no oculto... O segredo é um preparo fundamental para uma grande obra tornar-se pública. Hoje muita gente fracassa publicamente porque não tem o recolhimento da profundidade pessoal. Se a semente do que buscamos é grande, é preciso nos recolhermos para a força da raiz. Ao crescer bem no particular torna-se uma força para o comunitário:

> *"Após a visita aos leprosos e tendo mudado para melhor, conduzindo a lugares afastados um certo companheiro, a quem muito queria, dizia-lhe que havia encontrado um grande e precioso tesouro. Alegrou-se muito aquele homem, e de boa vontade o acompanhava sempre que chamava. Francisco o levava muitas vezes a uma ca-*

---

81 3Comp 3,8.
82 Ibid.
83 3Comp 5,13.

verna perto de Assis, e, nela entrando sozinho, deixava do lado de fora o companheiro, desejoso de possuir o tesouro; e assim, tomado de um novo e singular espírito, orava ao Pai, às escondidas, cuidando que ninguém soubesse o que estava fazendo lá dentro, a não ser Deus a quem assiduamente consultava sobre como possuir o tesouro celeste"[84].

3. O ser discípulo como contradistintivo do seu espírito cavaleiresco

Como vimos no primeiro capítulo, uma das exigências para ser um bom cavaleiro era o seguimento, a inspiração, a imitação. Quem descobre uma grande inspiração necessariamente torna-se discípulo:

> *"Nosso Senhor Jesus Cristo, cujas pegadas devemos seguir (...) Por nossa vez, desde que abandonamos o mundo, outra coisa não temos a fazer senão empenhar--nos em seguir a vontade de Deus"*[85].

Francisco é enamorado de Jesus Cristo, toda a sua vida é buscar o seguimento, a imitação desta sua paixão.

a. O que é ser discípulo?

Toda a reflexão deste ponto está na necessidade de responder a esta questão que é muito importante para se compreender uma vida, uma espiritualidade.

O discípulo é aquele que está no movimento de refazer o Mestre, é aquele que, diante do Mestre, está sempre disposto ao aprendizado. Copia não para multiplicar, mas para descobrir a originalidade única do Mestre:

> *"Irmão, prometi fazer tudo o que fizeres, por conseguinte, convém que me conforme em tudo contigo"*[86].

---

84 *3Comp* 4,12.
85 *RnB* XXII, 2.9.
86 *Sp* 57.

Todo o caminho de Francisco de Assis foi um engajamento em causas nobres. Como diz Chiapelli: "Francisco é este mediador entre Deus e nós, reúne mais do que qualquer outra figura na história espiritual, porque soube expressar interioridade e humildade, uma indômita energia de querer seguir, uma heroica potência de ação, necessária para completar plenamente o humano e um desígnio que vai além do humano"[87].

Este engajamento em uma grande causa é o que chamamos discipulado. No coração da experiência do Grande Outro fazer a própria experiência. É o colocar-se aos pés de um mestre, é predispor-se a acolher aquilo que é digno de alimentar uma vida.

Ilustremos como pensamento de Facchinetti que recorda os próprios discípulos de Francisco: "Nos amigos ideais, nos companheiros de apostolado de Francisco, encontramos frades devotos que o seguiam, discípulos fiéis e admiradores do mestre. Recolhiam-se com ele na solidão dos êremos e das florestas, compreendiam-se perfeitamente em espírito, imitavam generosamente seus exemplos, viviam a sua mesma vida de extrema pobreza, com ardor seráfico, com simplicidade profunda. Viviam em oração contínua e austera penitência, numa fraternidade recíproca e na perfeita alegria. O seu esforço incessante era imitar e chegar à perfeição seguindo os vestígios do Pai Seráfico, e procurando reproduzir neles mesmos, o mais fielmente possível, as virtudes do seu Grande Guia Espiritual"[88].

Não podemos deixar de citar também Legisima que enfoca muito bem o aspecto do engajamento em causas nobres: "A rica e fecunda imaginação, o coração ardoroso, o caráter empreendedor, a paixão pelo natural, deste jovem, um dia chamado o 'Senhor do Amor', não murcharam nem aniquilaram, na nova vida que empreendeu. Francisco não esquecerá jamais seus nobres ideais de juventude,

---

87 CHIAPELLI, A. L'Anima eroica di Frate Francesco e l'Italia. In: *RI*, (1927), 46.
88 FACCHINETTI, V. *San Francesco d'Assisi e L'Amicizia Cristiana*. Quaracchi, 1923, 117.

as ideias cavaleirescas de sua mocidade; porém, estas foram transformadas em algo maior e melhor, e assim ferveram sempre na sua mente, serviram sempre de estímulo no fiel serviço do seu Grande Senhor e Rei"[89].

Sabemos também que os seguidores de Francisco não estavam apenas dentro de seu grupo de frades, mas contagiados pelo seu projeto de vida criaram toda uma numerosa família, como atesta Koser: "Com coragem e dedicação cavaleirosa, com clarividência singular e com amor ardente, empreendeu e levou adiante a missão recebida. Como brioso e destemido cavaleiro batalhou sem tréguas os vinte anos de vida que ainda lhe restavam, e deixou atrás de si incontáveis multidões que continuaram este combate no mesmo sentido em que, por ordem divina, era impulsionado. Denodo e cavaleirismo caracterizaram todos os verdadeiros franciscanos que, imitando o Santo Fundador, se transformaram em outras colunas da Igreja"[90].

A vida de Francisco foi sempre a vontade de seguir as pegadas do Senhor Jesus Cristo. Por isso devemos perguntar: como se articula uma vocação franciscana que quer o seguimento do Senhor? Como entender isto? O que é seguir? O que é imitar?

Mostramos, no capítulo inicial, que o cavaleiro seguia e servia a seu senhor. Não era apenas um seguir como estar fisicamente junto, mas era repetir em sua vida o modelo e a experiência de seu mestre e senhor. Imitar é método, é aceitar o convite de fazer e refazer junto, é exercitar-se naquilo que o mestre exige: "Francisco, em seu cavaleirismo seráfico, não serviu um Rei distante, diante de quem não pudesse comparecer com frequência. Pelo contrário, pôs-se a serviço de um Rei permanentemente presente"[91].

---

89 LEGISIMA, J.R. *El Caballero de Cristo, S. Francisco de Asis*. Barcelona: Tipografia Católica, 1911, 20.
90 KOSER, C. *O pensamento*, 72.
91 *Ivi*, 149.

A vontade do discípulo tem que passar por uma exigência e se concretiza como uma disciplina. Esta disciplina é a dinâmica do aprender, da imitação:

> *"Aí se observava a disciplina mais rígida, tanto no silêncio e no trabalho, como em todas as outras observâncias. Ninguém podia entrar, a não ser frades especialmente designados que, reunidos de todas as partes, o santo queria que fossem verdadeiramente devotados a Deus e perfeitos em tudo"*[92].

> *"Perseverai na disciplina e santa obediência e cumpri o que lhe prometestes com generoso e firme propósito"*[93].

> *"Francisco, o homem de Deus, via que por seu exemplo muitíssimos se sentiam encorajados a levar a cruz de Cristo com grande fervor e com isso também ele se sentia animado, como bom guia do exército de Cristo, a conquistar vitoriosamente as culminâncias da virtude. A fim de realizar aquelas palavras do Apóstolo: 'Os que são de Cristo crucificaram sua carne com seus vícios e concupiscências' (Gl 5,25), e levar no próprio corpo a armadura da cruz, refreava os estímulos dos sentidos com uma disciplina tão rigorosa que a muito custo admitia o necessário para o seu sustento"*[94].

Uma das características do discípulo é a capacidade de renúncia. Na Legenda dos Três Companheiros nós temos a passagem:

> *"Francisco, desprezando verdadeiramente o dinheiro, atirou-o a uma janela, considerando aquela importância como poeira"*[95].

Francisco atira fora o dinheiro que pertencia ao mundo mercante de seu pai o qual, agora, ele deve renunciar. Este tipo de renúncia significava livrar-se daquilo que atrapalha o seu modo de ser. Renunciar ao dinheiro era exercitar-se em recusar o modo de ser farto

---

92 *2Cel* 12,19.
93 *CtOrd* 10.
94 *LM* 5,1.
95 *3Comp* 6,16.

e burguês da vida que estava deixando, vida esta que num certo momento também o tinha fascinado. Deixar os bens pertencentes à casa de seu pai é ir para a busca despreendida do modo de ser pobre do Verdadeiro Pai, que é a Única Riqueza necessária.

O discipulado implica também uma imediatez cordial e simples do fazer. Estar sempre na disponibilidade:

> *"Um dia, enquanto dormia, ouviu uma voz a perguntar-lhe onde queria ir. Revelou com prazer toda a sua ambição. Então a voz acrescentou: 'Quem te pode dar mais, o senhor ou o servo?' Respondeu: 'O Senhor'. A voz replicou: 'Ora, por que deixas o senhor pelo servo, o príncipe pelo vassalo?' Então Francisco perguntou: 'Que quereis que eu faça, Senhor?'"*[96]

> *"Com muita boa vontade o farei, Senhor!"*[97]

Ser discípulo é renovar sempre esta disponibilidade do "sim", esta vontade de fidelidade constante. Francisco foi muito sensível a esta atitude. Foi ela que o estimulou e o inspirou ao encontro da ambição generosa que o levou tão longe.

A força de seguir os passos de Jesus Cristo o levou a ponto de ser considerado o mais perfeito imitador de Cristo. E ele repetiu sempre em sua vida a força deste propósito. Assim, esta imitação transformou-se numa verdadeira transcrição, em sua pessoa, do Senhor muito amado, amigo fervente, sua grande escolha:

> *"Sua maior intenção, seu desejo principal e plano supremo era observar o Evangelho em tudo e por tudo, imitando com perfeição, atenção, esforço, dedicação e fervor os passos de Nosso Senhor Jesus Cristo no seguimento de sua doutrina"*[98].

> *"Sua boca falava da abundância do coração, e a fonte de amor iluminado que enchia todo o seu interior extravasava. Possuía Jesus de muitos modos: levava*

---

96 *3Comp* 2,6.
97 *3Comp* 5,13.
98 *2Cel* 84.

sempre Jesus no coração, Jesus na boca, Jesus nos ouvidos, Jesus nos olhos, Jesus nas mãos, Jesus em todos os outros membros"[99].

b. Convocado pelo Senhor

No início do capítulo IV da Regra Não Bulada temos a expressão: "EM NOME DO SENHOR". Este "em nome do Senhor" é argumento muito forte para a compreensão do que é ser discípulo. É estar impulsionado pela força do Senhor, no vigor do Senhor, no envio do Senhor. É o Senhor que comanda, que dá a incumbência. Não se pode compreender o ideal de Francisco sem esta motivação do Senhor e pelo Senhor: "E o Senhor mesmo me conduziu"[100]. Isto não é um simples sentimento, ou apenas uma forte explosão afetiva que o envolve, mas é a busca do Senhor! É algo muito grande e sério pelo qual vale a pena arriscar a sua vida. É a razão do seu projeto, e este apelo para Francisco é muito claro: "Em nome do Senhor rogo a todos os irmãos que aprendam bem o teor e sentido do que está escrito nesta Regra de Vida..."[101]

Por isso, Francisco buscou sempre no Senhor a nitidez de sua vida, procurou um nível mais elevado para medir a sua vida. O seu relacionamento com o Senhor passa a ser a sua prioridade.

Quem é este Senhor? Aqui voltamos à ideia da cavalaria. O nobre cavaleiro tratava o senhor de um modo muito especial: com um respeito filial, com estima, como um filho adulto e dedicado, reverente. Tratava o senhor com a fidelidade transparente e pronta de um servo. Era o verdadeiro ser servo! Valia a pena investir toda uma vida para estar cuidando deste senhor. É a plena doação da amizade com um sentimento nobre. A causa do senhor era a causa do servo!

---

99 *1Cel* 115.
100 *Test*/1226,2.
101 *RnB* XXIII, 35.

Tudo isto remetia para um servir livre, humilde, dedicado, suave; levava a uma reverência segura e corajosa. Trazia uma força, força de uma virtude não apenas teorizada, mas conquistada no exercício de fazer. Era um saber fazer e em nome de quem se fazia. É como a beleza desta afirmação do Apóstolo: "Não tenho ouro e nem prata, mas o que eu tenho te dou: em nome de Nosso Senhor Jesus Cristo, levanta-te e anda!"[102]

É o Senhor quem o chamou, convocou, reuniu! Isto dá realização... e aí Francisco se fez por demais discípulo, cavaleiro, servo: "Sendo cavaleiro de Cristo Rei, e cavaleiro mais que tudo do Amor, não podia deixar de tomar atitudes de cavaleiro onde quer que encontrasse o seu Rei"[103].

Francisco é um autêntico servo que se entrega a Alguém maior e mais nobre do que ele: "Este é o primeiro Cristo de Francisco: o senhor feudal, o nobre a quem ele deve render homenagens, obedecer em tudo, ser cavaleiro e depois conservar com honra esta virtude"[104].

Escolhe a Vida do Senhor como uma Forma de Vida para si e para os seus:

> *"A Regra e a Vida destes irmãos é esta: viver em obediência, em castidade e sem propriedade; e seguir a doutrina e as pegadas de Nosso Senhor Jesus Cristo, que diz: Se queres ser perfeito, vai, vende tudo o que tens, dá-o aos pobres, e terás um tesouro no céu, e vem e segue-me"*[105].

Chegando ao final deste capítulo, onde procuramos centrar os aspectos cavaleirescos da experiência de vida de Francisco de Assis, queremos dizer que este modo de refletir Francisco não esgota a sua mensagem, nem representa a chave mais precisa para abrir a porta de

---

102 *At* 3,6.
103 KOSER, C. *O pensamento*, 156.
104 SANTIAGO, M.R. Cristo en San Francisco. In: *RE*, 47, (1988), 65-89.
105 *RnB* I, 1.

uma leitura de sua vida e sua experiência religiosa. Contudo queremos expressar a nossa convicção de que Francisco fez destes elementos uma inspiração, uma capacidade, uma vontade de exprimir-se numa linguagem corrente de seu tempo.

Todos conheciam o cavaleiro: a sua imagem e o seu valor. Francisco soube unir a mediação ascética tradicional a este mundo edificante de exercitar-se para ser um guerreiro do Amor!

"Com Francisco aprendemos que Ser é dividir a existência"

(C.G. Bove)

Capítulo III

O cavaleiresco de Francisco na pesquisa social e na atitude espiritual

É preciso encontrar sempre uma motivação para a leitura de um documento espiritual. Normalmente lemos escritos e biografias de um fundador para fundamentar a instituição e garantir o funcionamento normativo.

Um documento espiritual está além de tudo isto. Ele mostra etapas da formação do espírito e influi diretamente na construção da vida interior.

Não queremos usar os textos franciscanos para forçar uma posição própria, mas queremos propor uma leitura onde olhamos Francisco na sua raiz histórica, e no concreto da sua pertença ao mundo medieval.

Não estamos também criando nada de novo, porém queremos desvelar aquilo que é muito simples nos textos da nossa herança. O modesto é a grande força do franciscanismo. Por isso temos que nos colocar diante do que escrevemos sobre São Francisco e do que ele mesmo escreveu de um modo muito livre, despretencioso e reverente.

Este capítulo procura mostrar o fato de olho no espírito. Os textos franciscanos têm esse movimento: expressar uma caminhada, testemunhar uma força que conduz, que gera energia, inspiração, que sustenta a opção de tantos religiosos e leigos que seguem as trilhas do Pobre de Assis.

O ideal cavaleiresco de Francisco e seus primeiros frades passa para nós um calor dinâmico, uma vivacidade, uma motivação que precisamos para continuar a manter viva a sua obra em tudo o que somos e fazemos.

1. A ideia da cavalaria em alguns textos biográficos franciscanos

Quando lemos atentamente os biógrafos oficiais e não oficiais de São Francisco encontramos uma riqueza de linguagem, imagens e inspiração. Tem muita razão Agostinho Gemelli ao declarar que: "Quem o ama não se cansa jamais de celebrá-lo na esperança de desvelar algum aspecto novo; deseja pôr em evidência e trazer à luz qualquer aspecto ignorado da sua figura"[1].

Mas podemos ainda perguntar: Por que escolher o aspecto cavaleiresco ao ler as biografias franciscanas e elaborar um discurso nesta perspectiva? Certamente a resposta confirma uma escolha estritamente pessoal de quem escreve. Esta resposta busca, nos biógrafos primitivos, uma razão, uma compreensão para trazer à tona os dados da literatura cavaleiresca, da poesia trovadoresca que ali estão implícita e explicitamente presentes de um modo muito evidente.

E se os termos não fossem suficientes nos bastaria ver e nos deixar invadir deste espírito de liberdade, de alegria, de conquista, de uma mistura originalíssima de guerreiro e sonhador, de homem e santo.

Não queremos somente uma compreensão do fenômeno cavaleiresco em Francisco mas sugerir um tipo de leitura edificante[2].

---

1 GEMELLI, A. *San Francesco d'Assisi e la sua gente poverella*. Milão: O.R., 1984, 85.
2 Cf. CARDINI, F. L'Avventura di un cavaliere di Cristo – Appunti per studio sulla cavalleria di S. Francesco. In: *SF*, 73, (1976), 127-198.

Que contraste é este oferecido pelos biógrafos? Podem conviver o duro e rude, às vezes sanguinário cavaleiro, com o sereno santo de Assis, cantor da paz? Quando lemos as biografias encontramos uma tranquila conexão entre os dois. Como se quisessem mostrar que "o cavaleiro era, na realidade, bem outra coisa que o duro e sanguinário senhor da guerra medieval. É preciso reconhecer além da ficção, saber ver além da literatura, e saber interpretar na sua existência uma série de nexos sociais, culturais, religiosos e antropológicos entre a experiência de Francisco e aquela cavaleiresca"[3].

Com a ideia geral do fenômeno cavaleiresco que procuramos mostrar nos capítulos anteriores, podemos agora sintonizar melhor seus reflexos no franciscanismo.

a. O nome: de João a Francisco

Assim como na tradição judaica, o mundo medieval incutia um grande respeito pelo nome. Dar nome era identificar, propor uma missão, dar uma motivação moral à vida. Sem dúvida nenhuma o nome de Francisco de Assis é uma iluminação! Quem não conhece pelo menos alguma referência a este nome?

O seu nome já é certeza de uma estranha simpatia, um toque de milagre, esse jeito que Deus usa para fazer com que saboreemos a história. Diz de um modo muito preciso Nicolosi: "O milagre maior de São Francisco, ou, se quisermos, o único milagre, é a sua vida em si mesma. Compreende-se melhor ainda quando se considera que ele foi um daqueles personagens que não passaram apenas pela história, mas que fizeram a história; que condicionaram a história com a sua presença, e de que não somente tomou posse a história, mas também a legenda"[4].

---

3 Cf. CARDINI, F. Cavalleria medievale: le sue origini come problema di cultura materiale. In: *AM*, 2, (1975), 433-439.
4 NICOLOSI, S. *Medioevo Francescano*. Roma: Borla, 1983, 21-22.

A legenda, que com sua carga de detalhes não tem muita preocupação biográfica, mas sim de um testemunho, assim narra:

"Oriundo da cidade de Assis, situada nos limites do vale de Espoleto, Francisco recebeu de sua mãe o nome de João; no entanto, seu pai, em cuja ausência o menino nascera, ao voltar da França lhe impôs o nome de Francisco"[5].

"Francisco, servo e amigo do Altíssimo, a quem a Divina Providência deu esse nome, para que, por sua singularidade e raridade, mais rapidamente se difundisse por todo o mundo o conhecimento de seu ministério (...) O nome de João cabia bem à missão que recebeu, mas o de Francisco coube melhor à difusão de sua fama que, depois de plenamente convertido, chegou rapidamente a toda parte"[6].

"Chamando-o pelo nome, disse: Francisco, vai e repara minha casa que, como vês, está toda destruída"[7].

"Na verdade, o nome 'Francisco' lhe era muito apropriado, porque possuía, mais que todos, um coração franco e nobre"[8].

O primeiro nome de batismo evoca a figura do profeta João, o Precursor, com toda a sua presença ascética, pobre, rude, solitária e ocultando-se para deixar transparecer uma Luz Maior. É um nome bem oposto ao tipo de vida que Pedro Bernardone desejava para o seu filho: o nome da terra sonhada, gentil, poética, a nata social, rica, elegante, pátria do amor cortês e das canções românticas, e do francês, esta língua musical.

Francisco, "o pequeno francês"[9], um nome cheio de caprichos do mundo de então, "sem nenhuma proteção de algum cidadão do céu"[10].

---

5 *3Comp* 1,2.
6 *2Cel* 1,3.
7 *2Cel* 6,10.
8 *1Cel* 120.
9 ROTZETTER, A. *Francesco d'Assisi, Storia della vita, Programma di vita. L'esperienza fondamentale*: Vivere il vangelo, Francesco d'Assisi Ieri ed oggi. Pádova: Francescane, 1983, 15.
10 RAJNA, P.S. San Francesco d'Assisi e gli spiriti cavallereschi. In: *NA*, 61, (1926), 385-395.

Nesta mistura de João e Francisco temos o que Celano chama de "muito apropriado", porque Francisco foi esta porção da franqueza decisiva do profeta e a ternura, o sentimento, a vigorosa sensibilidade estética.

Cuidar do nome é uma preocupação do pai de Francisco, pois, como um aspirante à nobreza, o nome devia cair como uma luva, devia soar muito bem, devia combinar com o fascínio natural de seu filho, devia representar o "lustre do nascimento"[11], a superioridade e destaque social, uma precisa qualidade particular, um tomar posição, uma boa linhagem, "uma nobreza identificada com a verdadeira liberdade"[12].

b. De Assis: um nome, uma cidade

Francisco de Assis! Esta especificação: "de Assis", não pode passar despercebida. Existe um matrimônio entre a cidade e seu santo. Um completa o outro! A cidade está ali plantada sobre o monte e aberta ao sol!

Assis! Suas muralhas, suas torres, seu mistério, suas igrejas, ruas estreitas, Rocca Maggiore... Nela repousam tempos de vida e morte, paz e guerra, luz e trevas, festas e asceses! "Uma cidade cuja essência é de ser, segundo uma possível etimologia: altar! Ambos os nomes: sol nascente e altar, são símbolos religiosos. Manifestamente a cidade, desde os tempos mais distantes, sentia-se chamada a uma missão religiosa"[13].

Hoje é a cidade universal da Paz após ter conhecido o conflito: "Paz franciscana! Porém Assis foi, nos tempos de Francisco e durante vários séculos, uma das cidades da Itália mais inquieta e beligerante. Agora é uma amazona sonolenta que descansa dos esforços guerreiros"[14].

---

11   DUBY, G. *A sociedade cavaleiresca*. São Paulo: Martins Fontes, 1989, 25.
12   Ibid.
13   ROTZETTER, A. *Francesco*, 15.
14   SARASOLA, L. *San Francisco de Asis*. Madri: Espasa-Calpe S.A., 1979, 4.

Não se pode falar de Francisco como aspirante à Cavalaria sem seu tempo e sua cidade. Por defender sua cidade, participa da batalha de Collestrada. Sua vocação começa a aflorar ali, no meio da luta, na derrota e na não capitulação de uma mente povoada de sonhos guerreiros[15]. O padroeiro de Assis era São Rufino, saudado como invicto combatente. A primeira escola de Francisco é junto à igreja de São Jorge, um santo muito presente nas legendas.

Durante a juventude de Francisco, cavaleiros de Assis movimentam-se para participarem da III Cruzada organizada para reerguer Jerusalém caída nas mãos muçulmanas. Ele vê as ruas de Assis encherem-se de festas para acolher o cortejo da Imperatriz Constância e Frederico de Svevia[16].

Em Assis moram famílias de cavaleiros. Basta citarmos aqui o testemunho das Fontes Franciscanas referentes à família de Santa Clara:

"A admirável mulher, Clara de nome e clara por virtude, nasceu na cidade de Assis, de descendência muito nobre: foi por primeiro concidadã do beato Francisco na terra, para depois reinar com ele no céu. Seu pai era cavaleiro, e toda a família, de ambos os ramos, pertencia à nobreza cavaleiresca..."[17]

"... e entre outros, monsenhor Hugolino de Pietro Girardone, cavaleiro de Assis..."[18]

Assis possui também a presença e a influência da cultura épica, não de um modo intenso como em outros grandes centros, mas o suficiente para a vida de Francisco ser também contada neste clima e com a presença dos cavaleiros:

"... os cavaleiros de Assis que montavam guarda àquele lugar por causa da grande multidão de gente, vinda de toda parte para ver o capítulo dos frades..."[19]

---

15 FORTINI, A. *Nova Vita di San Francesco*. Roma: Carucci, 1981, 5-252.
16 FORTINI, A. *Assisi nel Medioevo, Leggende, Avvanture, Battaglie*. Roma: Carucci, 1981, 29-61.
17 Leggenda di Santa Chiara, Lettera di Introduzione. In: *FF*, 3149.
18 Processo di Canonizzazione di Santa Chiara. In: *FF*, 3116.
19 *Sp* 7; • *LP* 11.

"*O seu estado era muito grave. Ao saberem disso os cidadãos de Assis mandaram às pressas cavaleiros para o levarem para lá... Os cavaleiros levaram o santo consigo*"[20].

Na sociedade assisiense Francisco faz parte de uma classe social ascendente e está muito bem-adaptado, entre 1198 e 1202, à aristocracia. Possui um fascínio pessoal, não físico, mas de um carisma atraente; é rico e empreendedor, e assim entra naturalmente no grupo dos jovens que aspiram um modo comum de vida:

> "*Após a refeição saíram de casa; os companheiros iam na frente cantando pelas ruas da cidade, e ele, sendo líder, um pouco atrás sustentando na mão um bastão. Não ia cantando, mas meditando com atenção*"[21].

Este texto mostra que Francisco participava ativamente da agitação sociojuvenil da sua cidade. Mesmo aqui, aparecendo no processo de assimilação da sua mudança gradual, podemos ver nas entrelinhas que sabia cantar, tocar, dançar. É filho de mercante, aprende a viajar, a sair dos limites da cidade, e com isso ouviu da tradição oral e das canções que eram moda nestas rodas os feitos dos místicos cavaleiros:

> "*São Francisco lhe respondeu: 'O Imperador Carlos Magno, Rolando e Oliver, todos paladinos e homens valorosos que foram poderosos nos combates, perseguiram os infiéis até a morte, não poupando suores nem fadigas, alcançando assim memoráveis vitórias; do mesmo modo os nossos santos mártires deram a vida pela fé em Cristo. Atualmente há muitos que pretendem alcançar honras e louvores somente por terem narrado os feitos destes heróis*"[22].

---

20 *LP* 59.
21 *3Comp* 3,7.
22 *Sp* 4.

c. O elemento lúdico: o jogo de vencer-se!

Ao guiar a comitiva alegre dos jovens de Assis, Francisco tantas vezes deve ter evocado junto com eles este sentido arturiano, este tornar presente os personagens famosos da dignidade cavaleiresca. Qual o jovem que não movimenta fantasias?

Cardini diz que "deve-se entender exatamente nesta medida a adesão de Francisco aos símbolos e ao mundo da cavalaria, é o seu *dark side*, mas é o seu lado mais interessante, a partir do momento que na tradição cavaleiresca medieval sobrevive, na área cristã, o quadro dos antigos usos associativos, iniciações rituais, tudo ligado à profissão guerreira"[23].

E Huizing vai mais longe dando uma ousada via interpretativa. Para ele, Francisco é o homem lúdico que joga com toda a sua imaginação, que dialoga com a sua consciência, que desafia sua estrutura, afina a sua vontade para preparar um espírito forte e inventivo. Escolhe para si o título de Cavaleiro da Senhora Pobreza: "São Francisco adora a sua Esposa Pobreza com o mais sagrado fervor, em piedoso êxtase"[24].

Qual era realmente a sua ideia de Pobreza? É a pergunta que desafia a reflexão de todos os tempos e é analisada e respondida sob múltiplos aspectos. A proposta de Huizing tem referência direta a este mundo mítico da cavalaria. Aparece como a concretização de um ideal feito de sentimento e imagens: "E o estado de alma no qual concebia a Pobreza e devia chegar a um equilíbrio entre a imaginação poética e o dogma confessado"[25].

A vida de Francisco é cheia de elementos lúdicos, por isso não esgota a sua atração. Nele, imaginação poética e fé convivem harmoniosamente e ajudam a transformar sonho em ação e experiência religiosa. A Senhora Pobreza é a sua mais genial, mais desafiadora, mais cavaleiresca prova de encontro entre sensibilidade e maturidade espiritual[26].

---

23 CARDINI, F. *L'Avventura di un cavaliere*, 183.
24 HUZING, J. *Homo Ludens*. Turim: Einaudi, 1973, 164.
25 Ibid.
26 Cf. DA CAMPAGNOLA, S. *Francesco d'Assisi nei suoi sceitti e nelle sue biografie dei secoli XIII-XIV*. Assis: Porziuncola, 1981, 68; • Cf. também o aspecto crítico de Miccoli

Francisco cria imagens concretas para trabalhar bem a inspiração como caminho de clareza, como um elucidar o conceito bem-definido de seu projeto de vida. Como diz Facchinetti: "Francisco tinha no coração uma aspiração a qualquer coisa de Belo, de Grande, de Nobre. Sublime e Generoso, de Heroico... que ele mesmo nem sempre sabia definir, mas que sentia ter que perseguir se desejasse verdadeiramente ser feliz"[27].

"... E guardem sempre amor e fidelidade à nossa Senhora Santa Pobreza"[28].

"Entre outros dons e carismas que o Doador de todos os bens concedeu a Francisco, houve um privilégio singular: o de crescer nas riquezas da simplicidade através do amor pela altíssima Pobreza. Considerando o santo que esta virtude havia sido familiar ao Filho de Deus e vendo-a quase desterrada do mundo, quis torná-la sua esposa, amando-a com amor eterno, e por ele não só deixou pai e mãe, mas generosamente distribuiu tudo quanto possuía"[29].

"Vou me casar com uma noiva tão nobre e tão bonita como vocês nunca vão ver, que ganha das outras em beleza e supera a todas em sabedoria"[30].

Quando lemos os textos biográficos sobre a pobreza, encontramos este jogo de palavras como de um trovador evocando a sua amada. A estranheza das palavras parecem uma dose de loucura, que na verdade não agride, mas que sem dúvida é fora do comum considerado normal, ou daquela hierarquia de valores à qual somos acostumados.

Retomemos a história: Francisco nasce num momento em que sua região cresce demográfica e economicamente; vive no ambiente

---

que afirma ser o elemento cavaleiresco apenas um aspecto edificante, MICCOLI, G. *La storia religiosa: Storia d'Italia*, 2-1, Einaudi, 1974, 735-736.

27 FACCHINETTI, V. *San Francesco d'Assisi nella storia, nelle leggende, nell'arte*. Milão: Santa Lega Eucarística, 1926, 10.

28 *OD, TestS*, 15.

29 *LM*, 7,1.

30 *1Cel* 3,7.

da rica burguesia, convive com pessoas da nobreza, busca a riqueza material. Por que, então, escolhe um gênero de vida que está em contraposição a tudo isto?

É o seu jogo! O jogo de vencer-se! Para ir ao grande desafio aberto e universal de abraçar o ideal da pobreza, deve fazer as "núpcias" com ela na sua interioridade. E aqui acentuamos mais uma influência da cultura cavaleiresca: pela Dama Amada correr todos os riscos possíveis movido por uma paixão!

Mais tarde, já nas trilhas do Senhor, Francisco tinha renunciado às armas cavaleirescas, mas jamais deixou de viver, na sua intimidade, o ser cavaleiro. Ilustremos com um texto de Nicolosi esta afirmação: "Os esponsais com a 'Madonna Povertà' exprime o refutar os valores econômicos e sociais da sociedade dominada pela aristocracia e pela burguesia emergente. Este refutar é feito dentro das formas da civilização cortês-cavaleiresca tardo feudal. Pode-se dizer que o sonho cavaleiresco não vem jamais eliminado do ideal da vida de Francisco. O Poverello não liberou-se destas formas, nem mesmo quando a pobreza assumiu e viveu formas de privação mais heroica. Isto não significa que ele permaneceu prisioneiro dos esquemas mentais da classe social a que pertencia, mas ao contrário sabia distinguir e apreciar os valores e as formas daquela sociedade"[31].

O que Francisco sabe distinguir é quando um valor serve apenas como um instrumento de inspiração, e quando deve ser vivido na radicalidade para dar vida a uma nova proposta. Ao renunciar à riqueza de sua vida material, ele não está negando o progresso de Assis e de sua família, mas rejeita a riqueza entendida como forma de domínio e instrumento de poder:

> *"A partir de então, foi ficando cada dia mais humilde até conseguir vencer-se por misericórdia do Senhor. Ajudava também os outros pobres, mesmo quando era secular e seguia o espírito do mundo..."*[32]

---

31 NICOLOSI, S. *Medioevo*, 55.
32 *1Cel* 7,17.

"Vendo que não poderia afastá-lo do caminho em que se metera, o pai cuidou apenas de reaver o dinheiro. O homem de Deus teria querido gastá-lo todo para o sustento dos pobres e na construção daquele lugar, mas, como não tinha amor ao dinheiro, não podia sofrer decepção alguma, nem se perturbou com a perda de um bem a que não tinha apego"[33].

A imagem da Senhora Pobreza serve para Francisco como medida para todas as outras virtudes. O seu Senhor também foi pobre, por isso Francisco casa-se com a virtude fundamental de seu Senhor: *"Entre as mais famosas e importantes virtudes, que no homem preparam num lugar e morada para Deus e ensinam o caminho melhor e mais rápido para chegar até Ele, a Santa Pobreza sobressai a todas por uma certa prerrogativa e supera os títulos das outras por uma beleza singular. Ela é fundamento e guardiã das virtudes todas; e, entre as conhecidas virtudes evangélicas, ela tem, merecidamente, um lugar de honra"*[34].

"Chegando Francisco perto deles, disse-lhes: 'por favor, mostrai-me onde mora a Senhora Pobreza, onde ela apascenta o seu rebanho, onde ela repousa ao meio-dia, porque estou enfermo de amor por ela'"[35].

A Pobreza torna-se a escola de Francisco, o castelo a ser conquistado, a Dama por quem deve se enamorar. A pobreza é o prelúdio da História de uma Busca! O cavaleiro medieval que se aventurou, enamorou-se, esposou-se. O cavaleiro errante que encontra o seu FIM: a donzela Amada! Na busca e no encontro da Dama Amada aparece concretamente naquilo que se transforma: POBRE POR AMOR! Que Amor? "Amor à Pobreza com todo ardor de seu cavaleirismo. Amou-a como nunca cavaleiro algum havia amado sua dama. A personifi-

---

33 *1Cel* 6,14.
34 *SC, Prólogo*, 1.
35 *SC* 9.

cação da Pobreza na 'Madonna Povertà' não foi simplesmente uma figura poética, mas a mais séria e mais radical decisão de sua vida"[36].

d. Sonho e inspiração

Nós modernos não temos muita afinidade com oráculos, sonhos, presságios. Talvez porque hoje a proximidade com tantas terapias psicoanalíticas nos esvaziaram a capacidade de interpretar. Basta enquadrar a pessoa humana numa forma de supostas reações e os sonhos são explicados. Nossa cultura contemporânea é direta, objetiva, científica. Sonhar é perfeitamente explicável.

Para o medieval, sonho e visão fazem parte de uma alma idealista, santa, guerreira, mística. A experiência onírica exerce um fascínio, cria um mundo de deduções, um estado de vigília. Sonhar nem sempre é explicável. O sonho é um mistério a ser desvendado, é lugar de encontro num espaço grande, vago, indefinido. No sonho existe o impacto, o medo, a atração.

O sonho é o lugar privilegiado para decifrar a vontade do divino, para se ler uma inspiração. Isto causa grande alegria. Porém o sonho é o lugar infestado de perigos, mentiras, seduções demoníacas.

A nossa jornada nesta terra é feita dormindo, sonhando, caminhando, motivando-se, duvidando. Nisto tudo o sonho é um espaço sombrio da existência... tem um quê de luz, mas não deixa tudo imediatamente claro. É assim que o homem medieval compreendia o sonho e lhe dava tanta atenção.

Também a vida de Francisco é lugar para sonhos. Nela temos o testemunho das visões e impactos; se bem que, em comparação com outros santos, ele tenha sonhado pouco (isto se ficarmos apenas com o relato dos biógrafos!). Sua vida intuitiva e prática dá espaço para o sonho, para uma ânsia, e uma simbologia expressiva que supera a narração estilística literária dos sonhos. Esta é a diferença de Francisco.

---

36 KOSER, C. *O pensamento franciscano*. Petrópolis: Vozes, 1960, 33.

A vocação autêntica de Francisco não precisa dos sonhos para ser confirmada. Mas a literatura usa os sonhos para dar brilho e abrir horizontes interpretativos para a sua vocação. É aqui que nos detemos. Vamos citar algumas das narrações que funcionam como uma parábola, como uma metáfora carregada de inspiração cavaleiresca:

1 CELANO

"Numa noite, tendo-se entregue totalmente a essas realizações e pensando ardorosamente em partir, aquele que o tinha tocado com a vara da justiça *visitou-o em sonhos*, com a doçura de sua graça. E porque era *ambicioso de glória*, pelo fastígio da glória o venceu e exaltou. Pareceu-lhe ver sua casa toda cheia de armas: selas, escudos, lanças e outras armaduras. Muito alegre, *admirava-se em silêncio, pensando no que seria aquilo*. Não estava acostumado a ver essas coisas em sua casa, mas apenas pilhas de fazendas para vender. E ainda estava aturdido com o acontecimento repentino, *quando lhe foi dito* que todas aquelas armas seriam suas e de seus soldados. Assim que acordou, levantou-se alegre de manhã e, *julgando a visão um presságio* de grande prosperidade, assegurou-se de que sua excursão à Apúlia seria próspera"[37].

2 CELANO

"Porque, pouco depois, foi-lhe mostrado em visão um esplêndido palácio, em que viu toda sorte de armamentos e uma noiva belíssima. Foi *chamado nos sonhos* por seu próprio nome de Francisco e obteve a promessa de todas essas coisas. Tentou, por isso, ir à *Apúlia* para entrar no exército, preparou tudo o que era preciso com muita largueza e tratou de se apressar para obter os graus militares. É que seu espírito, ainda carnal, estava *dando uma interpretação* carnal à visão que tinha tido, na realidade muito mais valiosa nos tesouros da sabedoria de Deus. Certa noite, ouviu em sonhos, pela segunda vez, *alguém que lhe falava numa visão*, querendo saber solicitamente para onde estava indo. Contou-lhe seus planos e disse que ia combater na Apúlia. Mas *a voz* insiste: 'Quem lhe pode ser mais útil: o senhor ou o servo?' Francisco respondeu: 'O Senhor!' 'Então por que preferes o servo ao senhor?' Aí Francisco disse: 'Que queres que eu faça, Senhor?'"[38]

---

37 *1Cel* 2,5.
38 *2Cel* 2,6.

É com esta simplicidade que vêm os relatos dos sonhos. Num primeiro momento, mostrando a parte quantitativa, o plano ambicioso da promoção econômica e social; aquela ânsia psicológica de ter mais, o fogo cavaleiresco, a fantasia juvenil, "o seu espírito inebriado do desejo e de sonhos de glórias militares"[39]. Num segundo momento, aparece o lado qualitativo da experiência: a evolução da fantasia para um verdadeiro encontro com Deus. Com autoridade diz Cardini: "os dois sonhos estão em referência a frustradas ambições cavaleirescas mundanas e a revelação da *Militia Christi* que toca o Santo"[40].

LEGENDA MAIOR

"Naquela noite, enquanto dormia, *Deus* em sua bondade *mostrou-lhe em visão magnífica* um grande palácio de armas que levavam a cruz de Cristo marcada nos brasões. Mostrava-lhe assim que a gentileza que ele praticara com o pobre cavaleiro por amor ao Grande Rei seria recompensada de modo incomparável. Perguntou Francisco para quem era tudo aquilo. E uma voz do céu lhe respondeu: *'Para ti e teus soldados'*. Ainda não tinha experiência em *interpretar os divinos mistérios e ignorava a arte de ir além das aparências visíveis até as realidades invisíveis.* Por isso estava convencido, ao acordar, que essa estranha visão lhe garantia um imenso sucesso para o futuro. Entregue a esta ilusão, decide alistar-se no exército de um conde, grande senhor da Apúlia, na esperança de conquistar, sob suas ordens, essa glória militar que lhe prometia aquela visão"[41].

LEGENDA DOS 3 COMPANHEIROS

"*Certa noite*, como se entregasse todo a executar estes planos e desejasse ardentemente iniciar a viagem, foi visitado pelo Senhor, que *por meio de uma visão* o atraía e o exaltava ao fastígio da glória, a ele que ambicionava honrarias. *Nessa noite*, enquanto dormia, apareceu-lhe certa pessoa, chamando-o pelo nome e conduzindo-o a um palácio magnífico e espaçoso, repleto de armas militares, de escudos resplandecentes e de outras armas suspensas à parede, honra e decoro da arte militar. E como ele, com muito regozijo, se maravilhava em silêncio, *pensando consigo mesmo o que poderia isso significar,* perguntou de quem eram aquelas armas refulgentes de tanto esplendor, e o palácio tão opulento. E a mesma voz lhe respondeu que tudo, inclusive o palácio, *seria dele e de seus cavaleiros.* Acordando, levantou cheio de contentamento, pensando, à maneira humana, de quem não havia ainda saboreado o espírito de Deus"[42].

---

39 FACCHINETTI, V. *San Francesco*, 14.
40 CARDINI, F. *S. Francesco e il sogno delle armi.* In: *SF,* 73, (1976), 15-28.
41 *LM* 1,3.
42 *3Comp* 2,5.

Não queremos entrar numa análise detalhada destes sonhos que não é o objetivo deste ponto, mas chamamos a atenção para o enfoque mais mundano de Celano 1 e 2, onde os elementos cavaleirescos são muito evidenciados. A Legenda Maior acrescenta elementos religiosos. A Legenda dos Três Companheiros mostra o confronto consigo mesmo; porém todos os relatos têm em comum uma única Iluminação que o faz escolher o serviço cavaleiresco como caminho para seguir o Senhor, um Senhor maior que todos os senhores feudais.

e. Generosidade, solidariedade, gratuidade

Na época de Francisco havia sempre um recordar-se de que qualquer atividade devia ser vista à luz de um princípio religioso. Assim, virtudes cavaleirescas inspiravam-se em códigos de valores cristãos cujo fazer era estar impulsionado por um motivo religioso-moral. Cardini diz em referência a isto: "Cristãs são suas intenções e a sua ação; cavaleiresca é a disposição com que age"[43]. Vejamos um modelo disto num episódio narrado por Celano:

> *"Libertado pouco tempo depois, tornou-se ainda mais bondoso para com os pobres. Resolveu, desde então, não desviar sua face de nenhum pobre, de ninguém que lhe pedisse alguma coisa por amor de Deus. Certo dia encontrou um soldado pobre e seminu, e movido de compaixão deu-lhe a própria roupa que vestia, que era feitio elegante, levado pelo amor de Cristo. Não fez menos que São Martinho, porque, se as circunstâncias foram diferentes, o propósito e a ação foram os mesmos. Francisco deu primeiro as vestes e depois o resto. Aquele deu tudo primeiro e a roupa no fim. Ambos foram pobres e necessitados no mundo, ambos entraram ricos no céu. Aquele, soldado e pobre, vestiu um pobre com uma parte de sua roupa. Este, que não era soldado, mas rico, vestiu com sua roupa boa um pobre soldado. Ambos, tendo obedecido ao mandamento de Cristo, mereceram*

---

43 CARDINI, F. *L'Avventura di un cavaliere*, 149.

uma visão de Cristo. Um foi louvado pela perfeição e o outro convidado com muita honra para o que lhe faltava fazer"[44].

São Martinho de Tours é uma medida da ética cavaleiresca. A veneração a este santo está onde o afeto pela sua pessoa se misturava à atração pelo cavaleiro. O texto que acima referimos coloca um confronto entre Francisco e Martinho; isto porque Francisco opunha sem polêmica, mas com extremo rigor e humildade a sua "Távola Redonda" às antigas Ordens Monásticas, criando assim uma nova imagem de leigo. Era o tópos-exegético-literário do debate entre cavaleiro e clérigo, onde a experiência mendicante reivindicava nitidamente os caracteres do primeiro para não prender-se por demais ao segundo. Mobilidade contra a exagerada estabilidade de lugar; pobreza absoluta contra uma pobreza pessoal garantida por uma segurança conventual; agir contra o excesso de saber; exemplo em maior intensidade e menos ensinamento teórico[45].

A visão do futuro cavaleiro de Cristo está ligada a um ato concreto de caridade. Não existe um ideal sem uma generosidade. A capacidade de realizar um gesto de doação daquilo que é muito pessoal é sinal de que se está preparado para uma grande obra.

Quem é este pobre soldado? Certamente era um personagem já conhecido de Francisco, um companheiro de armas, de batalha, um ex-amigo, um filho de alguma família feudal decadente. Alguém que teve o seu castelo saqueado. Um nobre que caiu na miséria, ou um cavaleiro errante que ainda não conseguia afirmar-se. Talvez daqueles idealistas que eram explorados pela florescente burguesia, tal como o pai de Francisco.

Francisco posiciona-se diante dele, sente-se responsável pela sua ruína, mas também o toma como modelo. O gesto de Francisco

---

44 *2Cel* 2,5; • *3Comp* 2,6; • *LM* 1,2.
45 CARDINI, F. I primi biografi francescani dinanzi a un modello agiografico cavalleresco: San Martino di Tours. In: *SF*, 76, (1979), 51-61.

é significativo: respeito entre cavaleiros de níveis diferentes, solidariedade, gratuidade. O outro na sua necessidade é a sua imediata possibilidade de mostrar amor heroico, desapegado, desinteressado. Francisco dá-lhe o que tem de melhor!

f. Os Cavaleiros da Távola Redonda: o dom da presença do outro

Na linguagem com a qual, muitas vezes, se exprime, Francisco deixa transparecer o que sabia da literatura cavaleiresca. Olha os seus companheiros com carinho e admiração. Vê neles este espírito de heroica liberdade e capacidade de doação. Exalta neles todo um mundo de valores.

Cada um de seus frades é amado nas suas qualidades. "A variedade de proveniência não impedia que se criasse uma extraordinária unidade de espírito, enquanto a nova vida estava em confronto com a clara consciência do servir ao Grande Rei e a uma empresa não menos gloriosa daquela dos Cavaleiros do Rei Artur e da Távola Redonda. O Senhor do céu é bem mais que o Imperador da Alemanha que passa pela estrada entre vassalos e cortesãos que formam o seu séquito. Isto bastava para fazer feliz um Frei Egídio, modelo incomparável da nova cavalaria"[46].

A facilidade que Francisco tinha de se comunicar com os outros, e sobretudo o concreto de sua vida, fez com que sempre aumentasse o número de seus seguidores. Vida atrai vida! Ou como dizia um frade: "Quem dá coração tem corações!" Ele não permanece na sua condição de "flor" e "rei" da juventude de Assis apenas antes da sua conversão, mas mesmo depois da sua mudança de vida cultiva esta necessidade de conviver, de estar junto, de ser animador, líder e guia[47].

Francisco sente a alegria da presença e tem muita reverência àqueles que querem abraçar o seu estilo de vida. Forma uma comunidade

---

46 BRANCALONI, L. Realismo di San Francesco. In: *VM*, 37, (1966), 71.
47 Cf. os textos *1Cel* 5.24.27.

de irmãos e irmãs, não uma comunidade fechada na experiência de cada um. É um carisma reunir! Isto vem expresso na frequente afirmação de seus companheiros: *Nos qui cum eo fuimus*, isto é, "nós que com ele somos!"[48] Não é apenas uma presença física, mas é assumir um modo de ser.

Aqueles que se uniram a ele após sua conversão, os que foram com ele a Roma buscar a aprovação da Regra de Vida, os que viveram com ele uma intimidade e fidelidade até o fim da vida são assim reconhecidos:

LEGENDA PERUSINA	**ESPELHO DA PERFEIÇÃO**
"Estes últimos são os meus santos frades, *Cavaleiros da Távola Redonda*, que vivem escondidos em *lugares solitários e nos desertos"*[49].	*"Estes irmãos são os meus Cavaleiros da Távola Redonda*, que se ocultam nos *lugares desertos e retirados*, para se aplicarem diligentemente à prece e à meditação"[50].

Precisamente, quem eram estes cavaleiros? Os historiadores elencam os nomes de Bernardo de Quintavalle, Pedro de Catani, Rufino, Silvestre, Egídio, Masseo, Leão, Junípero, Ângelo Tancredi, Clara de Assis, Jacoba de Setesolli. No livro que escreveu sobre este tema, Andrea Corna fala que: "Cavaleiros da Távola Redonda chamava Francisco aqueles fiéis primeiros companheiros, os quais, ou um ou outro, estavam sempre com ele, seja quando se recolhia nos eremitérios, seja quando andava a pregar; enfim, aqueles que participavam de todos os seus esforços. Estes cavaleiros corriam pelas estradas da Itália vencendo paixões, levando paz e bem, superando cansaços, derrotando privações de toda espécie, mas sempre fortes e

---

48 Cf. a indispensável obra de Manselli, sobretudo à pagina 45 onde ele elenca esta perícope e dá pistas importantes para se compreender a questão histórico-biográfica de Francisco e seus companheiros: MANSELLI, R. *Nos qui cum eo fuimus*. Roma: Istituto Storico dei Cappuccini, 1980.

49 *LP* 71.

50 *Sp* 72.

intrépidos, como o seu Guia Francisco; deram o melhor de si mesmos para a realização de seu Ideal"[51].

Angelo Tancredi foi o primeiro cavaleiro que entrou na Ordem e destacou-se pela sua gentileza e bondade. Seu pai era um homem importante de Assis; também Bernardo de Quintavalle era nobre e rico[52]. Na fraternidade de Francisco a proveniência não tinha a menor importância. Era uma verdadeira família de filhos e de irmãos com carismas diversos. Muito próximo dele ou por onde ele passou temos a presença dos cavaleiros, como testemunham as Fontes:

"Vendo isso o cavaleiro ficou atônito e foi embora muito edificado. Desde então, colocou-se, com tudo o que era seu, à disposição dos frades"[53].

"Um desses cidadãos, cavaleiro instruído e prudente, chamado Jerônimo, homem muito famoso"[54].

"Em outra ocasião, após voltar dos países de além-mar, veio a Celano pregar, e um cavaleiro que lhe tinha muita devoção convidou-o a sua mesa, com muita insistência"[55].

"... partiu do vale de Espoleto para ir à Romanha com Frei Leão, seu companheiro, e andando passou ao pé do castelo de Montefeltro; castelo no qual se dava então um grande banquete e cortejo pela cavalaria nova de um dos condes"[56].

"... ali estava a Senhora Jacoba, nobilíssima dama de Roma, com dois de seus filhos senadores e com grande companhia de homens a cavalo..."[57]

---

51 CORNA, A. *I cavalieri della Tavola Rotonda Francescana.* Fidenza: Tip. La Commerciale, 1931, 5.

52 "Bem depressa muitos homens de valor, clérigos e leigos, fugindo do mundo seguiram sua vida e seu caminho. Homens letrados e nobres juntaram-se a ele com grande satisfação. A estes tratou com respeito e dignidade, servindo piedosamente a cada um. Dotado de especial discrição, sabia respeitar, em todos os graus de seu valor" (*1Cel* 56.57).

53 *2Cel* 155; • *LM* 12,9.

54 *LM* 15,4.

55 *LM* 11,4; • *LM* 4,9.

56 1 *Csd.*

57 4 *Csd.*

"Acompanhava-o com grande séquito de cavaleiros..."[58]

"Entraram na Ordem também alguns cavaleiros: Ricardo Gubuin, Egídio de Merk, Tomás, espanhol, e Henrique de Walpole"[59].

2. A ideia da cavalaria em alguns escritos do santo

Existe uma importância muito grande para a espiritualidade na sua mensagem e consequente irradiação em tudo o que Francisco escreveu. Quando falamos sobre o que ele escreveu, não queremos chamá-lo de santo escritor. Não era esta a sua finalidade e não tinha nenhuma intenção de ser um literato[60]. Mas é certo que gostava de escrever e ser lido, gostava de ditar e comunicar a sua mensagem:

"Mas como o Senhor me concedeu dizer e escrever de modo simples e claro a Regra e estas palavras..."[61]

"O mesmo (Frei Leonardo) contou que um dia o bem-aventurado Francisco, perto de Santa Maria dos Anjos, chamou a Frei Leão e lhe disse: 'Frei Leão, escreve!' E este respondeu: 'Eis-me pronto!'"[62]

"O bem-aventurado Francisco escreveu esta bênção de próprio punho para mim, Frei Leão"[63].

Ao escrever, ditar, mandar copiar aquilo que deseja comunicar, não manifesta uma motivação cultural, mas sim a certeza de que seu ideal vale a pena. Tem que ser testemunhado de todas as formas possíveis. É uma exigência daquilo que escolheu.

Sentimo-nos impotentes de dizer algo da cavalaria diante dos escritos, porque não podemos alterar as palavras de Francisco. Não

---

58 *LP* 33; • *2Cel* 73.
59 DA ECCLESTON, T. L'insediamento dei Frati Minori in Inghilterra. In: *FF*, 2437 e 2549.
60 PAOLAZZI, C. *Lettura degli scritti di Francesco d'Assisi*. Milão: O.R., 1987.
61 *Test*/1226, 12.
62 *OD, Da verdadeira e perfeita alegria*, 17.
63 *Ble*.

queremos lançar meras hipóteses, todavia mostrar o que captamos na paciente leitura dos textos, procurando ver ali elementos do ideal cavaleiresco.

a. A paixão pelo Senhor cantada em verso e prosa

Não se encontra nos escritos do Santo nada por acaso e nada de superficial; ele fala e escreve com o coração, fala e escreve a partir da sua interioridade direcionada para Deus. E onde aparece aí o elemento cavaleiresco?

Constantino Koser captou bem esta empostação ao escrever que "São Francisco deu preferência aos atributos que, em conjunto, manifestam Deus como um Soberano de cavaleiros: a grandeza, a glória, a sublimidade, a delicadeza na suavidade dos modos corteses e finos, a justiça, a misericórdia, mais que tudo a bondade. Grande é Deus! Por que dizer grande quando Ele é imenso? Quando transcende todas as medidas? E porque as transcende, o ardor do Cavaleiro Seráfico São Francisco também não tinha e nem podia ter limites: estava apostado com a infinitude de seu soberano, para igualar em amor o que ele merecia. Cavaleiro, São Francisco era especialmente sensível para a glória que lhe rendem, não é uma imensidão pobre e árida, mas rica e cheia da mais fulgurante beleza"[64].

> *"Vós sois o santo Senhor Deus Único,*
> *que operais maravilhas.*
> *Vós sois o Forte.*
> *Vós sois o Grande.*
> *Vós sois o Altíssimo.*
> *Vós sois o Rei Onipotente,*
> *Santo Pai, Rei do céu e da terra.*
> *Vós sois o Trino e Uno, Senhor e Deus,*
> *Bem universal.*
> *Vós sois o Bem, O Bem Universal,*
> *O Sumo Bem, Senhor e Deus, vivo e verdadeiro.*

---

64 KOSER, C. *O pensamento*, 15.

Vós sois a delícia do amor.
Vós sois a Sabedoria.
Vós sois a Humildade.
Vós sois a Paciência.
Vós sois a Segurança.
Vós sois o Descanso.
Vós sois a Alegria e o Júbilo.
Vós sois a Justiça e Temperança.
Vós sois a plenitude da Riqueza.
Vós sois a Beleza.
Vós sois a Mansidão.
Vós sois o Protetor.
Vós sois Guarda e Defensor.
Vós sois a Fortaleza.
Vós sois o Alívio.
Vós sois a nossa Esperança.
Vós sois nossa Fé.
Vós sois nossa Inefável Doçura.
Vós sois nossa eterna Vida,
Ó grande e maravilhoso Deus,
Senhor onipotente, misericordioso
Redentor!"[65]

Este é um dos textos de poesia mística, lírica e apaixonada do Trovador Francisco. O hino do cavaleiro ao seu Senhor. Um hino de amor-cortês.

A poesia mística tem um papel fundamental no desenvolvimento da espiritualidade de seu tempo. Conseguiu unir-se à literatura secular do amor-cortês dos trovadores para dizer o Amor Celeste[66].

Francisco nasce dentro de um século chamado o "Século do Amor", um Amor cantado em prosa e verso por tantos jograis. Francisco não foge deste clima, é também um trovador, mas um trovador de Deus!

---

65 *Ble* 1-6.

66 Para entender bem este argumento sugerimos um bom estudo sobre a influência trovadoresca na vida e nos escritos do homem-santo de Assis. Uma análise crítica e o exame da influência jogralesca na humanidade e santidade de Francisco Cf. F.X. CHE-RIYAPATTAPARAMBIL. *Francesco d'Assisi e I Trovatori*. Perugia: "Frate Indovino", 1985.

"Muitos tentaram apresentar a sua personalidade procurando etiquetá-lo com tantos epítetos. Assim Francisco é o 'Cavaleiro de Deus' (Casutt), 'o Trovador' (Görres, Jörgenssen), 'o mais espontâneo dos santos' (Guardini), 'o mais humano dos santos' (Chesterton), 'a alma nobre' (Bernhart), 'o obediente' (Schneider), 'o Evento-Cristo representado' (Sabatier), 'o Poverello', segundo o povo de seu tempo"[67].

Para se compreender melhor a espiritualidade de Francisco não podemos rejeitar estes dados. Sua personalidade é muito rica e sedutora, abre para nós um horizonte interpretativo muito amplo. Não é supérfluo estudar e ver o influxo da cultura de seu tempo[68].

Francisco é um santo genuinamente humano, como diz Chesterton: um "herói humanitário", e usa esta sua capacidade de ser santo--poeta-ator para dizer tudo o que sente. Como dizia Santo Irineu, no século II: "a glória de Deus é o homem vivente". Francisco usa toda a sua explosão de vida para cantar ao seu Deus.

É uma expressão de amor que está em estreita relação com o divino. Isto cria a poesia. Quem ama intensamente é necessariamente poeta. Quanto mais ama, mais cria, canta, escreve, inspira-se.

Assim Francisco amou o seu Senhor, o Cristo e a sua Senhora, a Dama Pobreza, cria imagens e palavras de fervor e devoção para dizer; é a forte experiência interior do poeta que "cria uma carne verbal"[69]. Por isso os Louvores a Deus, que acima citamos, são a fala de um grande amante, de um enamorado por Deus. São palavras plenas de afeto, ternura, reverência ao amado que é o Sumo Bem.

Francisco sabe dizer, louvar e proclamar seu Senhor com solenidade. Faz de cada palavra uma representação de seu estado de alma. Ele, que presenciou tantos espetáculos de cortejos festivos, não

---

67 *Ivi*, 12.
68 Uma das mais antigas obras sobre o assunto e muito importante pelo impulso que deu ao desenvolvimento da mística cavaleiresca é FELDER, I. *San Francesco cavaliere di Cristo*. Milão: Vita e Pensiero, 1950. Nessa obra Felder apresenta imitar e servir como qualidades psíquicas.
69 CHERIYAPATTAPARAMBIL, F.X. *Francesco*, 174.

deixa de concluir as Orações de Louvor, a serem recitadas em todas as horas com um sonoro "Fiat", como que a mostrar um anunciante toque de trombetas:

"... nós vos tributamos todo louvor, toda glória, toda ação de graças, toda a exaltação e todo o bem. Fiat! Fiat! Amém!"[70]

b. A devota canção à Senhora

Outro momento belo da criação poética-mística de Francisco é a sua saudação "Mãe de Deus". É bem no estilo da canção de encantamento, de devoção, cortesia e amor do cavaleiro à sua amada. Nesta saudação, Francisco deixa extravasar a sua gentileza e reverência, e o louvor sai repleto de bondade e beleza. Aqui exalta as virtudes da sua Senhora. Para o cavaleiro, a virtude é uma meta, é uma personificação. Vem nomeada no feminino para dizer que não é algo vago. É alguém, é lugar, é veste, é ritmo e harmonia:

"Salve, ó Senhora Santa
Rainha santíssima,
Mãe de Deus, ó Maria,
que sois virgem feita Igreja,
eleita pelo santíssimo Pai Celestial,
que vos consagrou por seu santíssimo
e dileto Filho e o Espírito Santo Paráclito!
Em vós residiu e reside toda a plenitude
da graça e todo bem!
Salve, ó palácio do Senhor!
Salve, ó tabernáculo do Senhor!
Salve, ó morada do Senhor!
Salve, ó manto do Senhor!
Salve, ó serva do Senhor!
Salve, ó mãe do Senhor!
E salve vós todas, ó santas
virtudes derramadas,
pela graça e iluminação,

---

70 OL 13.

do Espírito Santo,
nos corações dos fiéis,
transformando-os de infiéis,
em servos fiéis de Deus!"[71]

Como filho da Idade Média, Francisco é também herdeiro de uma singela piedade mariana. Os hinos da época que cantam a Mãe de Deus não deixam de trazer características da nobreza de sentimentos e da cortesia cavaleiresca. A propósito nos recorda Koser: "Os cavaleiros consideravam-se paladinos da honra e da glória de Maria Santíssima. Nas mulheres em geral respeitavam a Mãe de Deus, introduzindo assim os costumes suaves e delicados numa quadra da história excessivamente guerreira e dura. As rainhas e imperatrizes santas desta época devem a sua santidade não em último lugar à pressão que sobre elas exercia a mentalidade cavaleiresca de seu tempo e a piedade mariana. Esta mentalidade e esta piedade as protegia, as envolvia e delas exigia um comportamento que facilitava muito a prática das virtudes tipicamente femininas e cristãs. É certo que o cavaleiro ideal foi na realidade muito raro, mas o ideal todos tinham diante dos olhos. Sempre de novo era descrito com cores as mais vivas e com as mais estimulantes exortações. Em consequência, muitíssimos aspiravam-no, todos os tinham em conta de altamente desejável e assim sobre todos influía poderosamente"[72].

Temos o Elogio das Virtudes, que é uma prova desta original sensibilidade de Francisco. É o cavaleiro diante da Senhora Pobreza e da Senhora Caridade a quem presta o mais profundo gesto de reverência:

Salve, rainha Sabedoria, o Senhor te guarde
por tua santa irmã, a pura simplicidade!
Senhora santa Pobreza, o Senhor te guarde
por tua santa irmã, a humildade!
Senhora santa Caridade, o Senhor te guarde

---

71 *SMD* 1-7.
72 KOSER, C. *O pensamento*, 47-48.

por tua santa irmã, a obediência!
Santíssimas virtudes todas, guarde-vos
Senhor, de quem procedeis e vindes a nós!
Não existe no mundo inteiro homem algum
em condição de possuir uma de vós, sem que
ela morra primeiro. Quem possuir uma de vós
e não ofender as demais, a todas possui; e
quem a uma ofender, nenhuma possui e a todas
ofende. E cada uma por si destrói os vícios
e pecados.
A santa sabedoria confunde a satanás e todas
as suas astúcias.
A pura e santa simplicidade confunde toda a
sabedoria deste mundo e a prudência da carne.
A santa Pobreza confunde a toda a cobiça e
avareza e solicitude deste século.
A santa humildade confunde o orgulho e
todos os homens deste mundo e tudo quanto
há no mundo.
A santa caridade confunde todas as tentações
do demônio e da carne e todos os temores
carnais.
A santa obediência confunde todos os desejos
sensuais e carnais e mantém o corpo mortificado
para obedecer ao espírito e obedecer a seu irmão,
e torna o homem submisso a todos os homens
deste mundo, e nem só aos homens, senão também
a todas as feras e animais irracionais, para que
dele possam dispor a seu talante, até o ponto que
lho for permitido do alto pelo Senhor"[73].

Estes últimos textos de Francisco que acabamos de citar estão muito ligados ao estilo das canções de gesta. A épica, a narração dos feitos heroicos, é repleta de sentimentos e realismo religioso. É uma "lauda" popular que recorda também as virtudes do Altíssimo.

---

73 *EV* 1-18.

Para os trovadores, cantar o elemento feminino é exaltar a beleza terrena, cantar as virtudes personificadas é aproximar o terreno do sagrado.

Nas duas preces-poesia, Francisco rende uma homenagem e louvor à Virgem Maria, e junto com os seus frades elevou e promoveu este modo de culto popular à Mãe de Deus, colocando assim a canção de amor no mais alto nível, no nível da experiência religiosa[74].

No século XIII começou a florir o assim chamado doce estilo novo em que se glorificava a feminilidade transfigurada, e neste movimento resplendia o culto à Mãe de Deus. O espírito franciscano influenciou muito este aspecto[75]. Retomamos mais um comentário de Constantino Koser: "São Francisco, que em sua concepção específica de vida religiosa partia deste ideal cavaleiresco e que considerava os seus como 'cavaleiros da Távola Redonda', cultivou com esmero e com intensidade toda sua o serviço à Virgem Santíssima nos moldes do ideal, condicionado pelo seu conceito e pela prática da pobreza. Nada mais comovente e delicado na vida deste santo que a forte e ao mesmo tempo meiga e suave devoção a Maria. Derivada do amor de Deus e de Cristo, orientada pelo Evangelho e vazada nos moldes e costumes do cavaleirismo medieval, transposto a uma sobrenaturalidade, pureza e força singularíssima, esta piedade mariana do Santo Fundador é parte integrante do que legou à sua Ordem e aí foi cultivada com esmero. São Francisco fez dos cavaleiros da 'Madonna Povertà' os paladinos dos privilégios da Mãe de Cristo"[76].

Francisco tem uma habilidade de exprimir em palavras, de um modo muito concreto, a sua profundidade de espírito; por isso compõe textos magníficos, plenos de devoção e lirismo, uma verdadeira riqueza de imagens e beleza.

---

74 Cf. CHERIYAPATTAPARAMBIL, F.X. *Francesco*, 181.
75 Cf. D'ALATRI, M. La predicazione francescana nel due e trecento. In: *PC*, 10, (1973), 7-23.
76 KOSER, C. *O pensamento*, 48.

c. Um hino às façanhas do Único Herói

No Cântico do Sol, Francisco celebra a fraternidade cósmica da criação, e novamente, com sua aguçada sensibilidade, nos lega mais uma joia da poesia religiosa popular. É um momento poético de rara inspiração! É um canto que brota da felicidade; da felicidade de amor, de ver, de sofrer, se preciso, da capacidade de perdoar. Neste canto Francisco mostra-se de um modo muito autêntico, é muito disponível ao desvelar o seu ser.

O Cântido do Sol é a expressão direta e imediata do louvor ao Senhor através da mediação da realidade criatural. Nele aparece Francisco que se inebria de seu Senhor, deixa-se iluminar por Ele, deixa-se cuidar por Ele. É o cavaleiro diante de seu Herói, diante de seu maior modelo. No Cântico ele exprime a sua maravilha e seu encantamento!

É o hino de quem caminha, de quem é peregrino que passa e vê, extasia-se, mas não toma posse. É o Cavaleiro bêbado de símbolos e de mito! É o Trovador que sente a limitação de suas palavras que vão brotando, mas, na impossibilidade de dizer o seu Senhor, convoca todo o cosmo. A sucessão dos elementos, dos casais de imagens, segue uma ordem perfeita. É um sonho e uma realidade. Uma esplêndida composição de um trovador enamorado sob a janela do universo.

Vamos reproduzir aqui este hino integralmente para podermos saborear tudo o que ele encerra: a profundidade de seu espírito, o seu caráter provençal, o coração umbro radicado no maravilhoso Vale de Espoleto, a sensibilidade cósmica, o sentir-se filho de um Pai Eterno e entrar até o miolo da criação para confraternizar-se com ela.

É o cavaleiro no esplendor da festa de iniciação: íntimo, familiar, compenetrado, seguro, convicto, solene:

"Altíssimo, onipotente, bom Senhor,
Teus são o louvor, a glória, a honra
e toda bênção.

Só a ti, Altíssimo, são devidos;
E homem algum é digno
De te mencionar.

Louvado sejas, meu Senhor,
Com todas as tuas criaturas,
Especialmente o senhor irmão Sol,
Que clareia o dia
E com sua luz nos alumia.

E ele é belo e radiante
Com grande esplendor:
De ti, Altíssimo, é a imagem.

Louvado sejas, meu Senhor,
Pela irmã Lua e as Estrelas,
Que no céu formastes claras
E preciosas e belas.

Louvado sejas, meu Senhor,
Pelo irmão Vento,
pelo ar, ou nublado
Ou sereno, e todo o tempo,
Pelo qual às tuas criaturas
dás sustento.

Louvado sejas, meu Senhor,
Pela irmã Água
Que é mui útil e humilde
E preciosa e casta.

Louvado sejas, meu Senhor,
Pelo irmão Fogo,
Pelo qual iluminas a noite.
E ele é belo e jucundo
E vigoroso e forte.

Louvado sejas, meu Senhor,
Por nossa irmã e mãe Terra,
Que nos sustenta e governa,
E produz frutos diversos
E coloridas flores e ervas.

Louvado sejas, meu Senhor,
Pelos que perdoam por teu amor,
E suportam enfermidades e tribulações.

Bem-aventurados os que as sustentam em paz,
Que por ti, Altíssimo, serão coroados.

Louvado sejas, meu Senhor,
Por nossa irmã a Morte corporal,
Da qual homem algum pode escapar.

Ai dos que morrerem em pecado mortal!
Felizes os que ela achar
Conformes à tua santíssima vontade,
Porque a morte segunda não lhes fará mal!

Louvai e bendizei a meu Senhor,
E dai-lhe graças,
E servi-o com grande humildade!"[77]

Este hino do Francisco Trovador é o canto do servo que se reconhece quase um nada diante da Grandeza de seu Senhor. Por isso se torna submisso, humilde, consanguíneo de todo ser criado. Pela alegria da causa de seu Senhor, celebra todo o universo. No particular de seu ideal, abraça a tudo, com muita generosidade... Servir a este Senhor não é estar numa tensa vida de combate, mas é ser fraterno, bom e simples.

---

77 *Cant* 1-14.

É um hino composto, pedaço por pedaço, num itinerário de conquista e de vitórias sobre si mesmo. Os acontecimentos da vida, do ambiente, da experiência religiosa tornam-se louvor[78].

Sem dúvida, a convivência de Francisco entre os trovadores, entre os grupos juvenis que cantavam os feitos dos heróis, afinou a sua sensibilidade. Na raiz da sua personalidade está uma grande capacidade de maravilhar-se. É a característica típica dos artistas, dos poetas, dos grandes idealistas. Estes sabem olhar o mundo com os olhos sobrenaturais e descobrem um profundo valor em tudo o que existe. Por isso Francisco consegue celebrar cada evento natural como um acontecimento de intensa solenidade: o sol, a lua, as estrelas, plantas, flores, animais, vento, fogo e água. Assim confirma o seu carisma de colher aquilo que é natural e simples para transformá-lo em fonte de alegria e encantamento.

Por ter um Ideal bem claro, podia olhar a vida de um modo unitário funcionando como uma escada que vai até a fonte: O Lugar do Grande Senhor:

> *"Impelido dessa forma por todas as coisas ao amor de Deus, ele se rejubilava em todas as obras saídas das mãos do Criador, e graças a esse espetáculo, que constituía a sua alegria, remontava até Aquele que é a causa e razão vivificante do universo. Numa coisa bela sabia contemplar o Belíssimo e, seguindo os traços impressos nas criaturas, por toda parte seguia o Dileto. De todas as coisas fazia uma escada para subir até Aquele que é todo encanto. Em cada uma das criaturas, como derivações, percebia ele, com extraordinária piedade, a fonte única da bondade de Deus; entre suas prioridades naturais dos corpos e suas interações lhe parecia música celestial, exortava todas as criaturas, como o Profeta Davi, ao louvor do Senhor"[79].*

---

78   Cf. CARDINI, F. Il Cantico delle Creature. Una rilletura. In: *SF*, 79, (1982), 283-288; • LAURIOLA, G. Francesco d'Assisi "Pastore dell'Essere". In: *SF*, 79, (1982), 289-296
79   *LM* 9,1.

3. O cavaleiresco de Francisco: atitude existencial e proposta espiritual

Não se pode estudar a espiritualidade franciscana sem entrar no influxo social que ela teve. Tem muita razão F. Salvatore Attal quando diz que "São Francisco é um santo social. Ele renovou com sua ação a sociedade medieval e iniciou os tempos modernos, fazendo triunfar uma revolução que reformou a ordem social, mudando os homens que constituíam esta ordem"[80].

Há uma semelhança entre a sociedade em que viveu Francisco e a sociedade na qual vivemos hoje. Ambas com seus vícios: muita tensão, ambição, guerras, extorsão, desordem social e moral, insatisfação religiosa, desnível de classes. Foi dentro deste contexto que o Cavaleiro do Amor lutou com as armas que possuía: Fidelidade e Serviço ao seu Senhor, Humildade, Pobreza e Pureza de Coração.

Fez uma revolução a tal ponto de fechar uma época e abrir outra. Que revolução? A revolução de ser autêntico! A revolução de ter a coragem de mudar um modo de pensar, de viver intensamente a vida, de ser transparente: "Francisco inicia a sua experiência bebendo das fontes que tem em mão, não é original, mas é honesto"[81].

É um homem que procura a verdade, a Única Verdade capaz de dar a todos um grande Bem. E tornar-se assim Mestre de vida, um modelador de consciências, um pregador de palavras apaixonadas, um homem que chegou à perfeição.

Queremos enfocar alguns aspectos da sua experiência, da sua personalidade cavaleiresca para aumentar o nível de nossa existência, para continuarmos a sua tarefa de restaurar a vida.

---

80 ATTAL, F.S. Attualità di San Francesco. In: *FrFr*, 29-30, (1962-1963), 82.
81 SANTIAGO, M.R. Cristo en San Francisco. In: *RE*, 47, (1988), 68.

a. A cortesia como virtude: nobreza de atitudes

Falemos da cortesia... Quem viveu a realidade e a fantasia das legendas cavaleirescas conhece o reino da cortesia. É muito difícil dar uma definição exata de cortesia, pois é todo um vasto mundo de significados. Mas o que é cortesia?

Iniciemos com a frase do poeta: "uso di corte, quando ne le corti anticamente le virtudi e li belli constumi s'usavano" (DANTE. *Convivio*, II, X, 8). Este é um ponto de partida para se compreender o que é a cortesia: os costumes e usos da corte para se trabalhar a virtude. Isto compreende uma série de valores: lealdade, generosidade, prodigalidade, fineza no trato, atenção devota à pessoa do outro, gênio do gosto, comunidade dos que amam o belo.

Os trovadores andavam de castelo em castelo cantando a cortesia, o amor-cortês. Os cavaleiros andavam, na sua busca, influenciados por este modo de viver. Francisco certamente ouviu demais falar dessa virtude muito presente nas canções e na vivência de seu mundo, nas gestas dos paladinos, nos romances do ciclo do Rei Artur, nos contos narrados por sua mãe. Por isso a cortesia entrou em sua mística:

> *"Mansidão, gentileza, paciência, afabilidade mais que humana, liberalidade que ultrapassa seus recursos eram sinais de sua natureza privilegiada que anunciavam já uma efusão mais abundante ainda da graça divina nele"*[82].

O texto da Legenda Maior que citamos é uma espécie de "semântica da cortesia", que vai preparando um quadro de objetiva disponibilidade para a santificação[83].

Francisco era cortês por natureza; isto fazia com que estivesse sempre preocupado pelos direitos dos outros, repartindo tranquilidade e alegria:

> *"Encontrou então um cavaleiro nobre de nascimento, mas desprovido de tudo. Imediatamente a lembrança de Cristo, nobre rei e pobre de tudo, comoveu a Fran-*

---

82 *LM* 1,1.
83 CARDINI, F. *L'Avventura di un cavaliere*, 161.

cisco, que cheio de compaixão se despiu das roupas elegantes que acabava de mandar fazer para si e as deu ao pobre cavaleiro"[84].

Para compreender como as atitudes de Francisco causavam um grande impacto é necessário não esquecer o seu tempo cheio de ódio, lutas, cobiça. Mesmo ali mandava a lei do mais poderoso e competitivo. Neste contexto, Francisco apresenta uma proposta nova de relacionamento mais prático. Em muitos casos, a cortesia dos nobres permanecia apenas nas canções, a de Francisco era prática, imediata, desinteressada. Nos recorda P. Anasagasti que "Francisco tinha sonhado repetir as empresas de Carlos Magno e Artur. Depois da conversão não renega aqueles que foram seus ideais de juventude, e com a sensibilidade poética que foi um de seus dons, soube colher os aspectos mais nobres da cavalaria, para fixar-lhes uma nova ordem, em que o perdão substitui a vingança, o amor substitui o ódio, o espírito de dedicação o orgulho, a sede de paz e de justiça os saques e acúmulos, a humildade a pressão do comando"[85].

Em Francisco, pelo seu modo de ser, pelo seu modo de pregar, de escrever, até os termos guerreiros ganham um novo significado: assim como "todos os paladinos foram fortes nas batalhas", os frades devem conquistar a vitória "com o suor e esforço", devem "suar as boas obras"[86], considerar a sua vida como um serviço cavaleiresco ao Senhor, "sob o sinal da cruz". A mulher, a dama de cada cavaleiro de seu grupo, era a "Madonna Povertà"[87].

Em Francisco a cortesia não é uma etiqueta, uma norma de civilidade social, mas é a expressão insubornável e inevitável de seu sentimento interior: é o modo como o outro deve ser amado de um modo verdadeiro. É um relacionamento de respeito, retidão e since-

---

84 *LM* 1,3.
85 ANASAGASTI, P. La cortesia, prioridad del Pobrecillo. In: *CF*, 22, (1988), 36-42.
86 "Omnes fratres studeant operibus insudare" (*RnB* 7,10).
87 ANASAGASTI, P. *La cortesia*, 36.

ridade. Francisco não se desconcerta diante de nenhuma pessoa, está muito bem diante do mendigo, dos nobres, do bispo, de Inocêncio III, de Clara, do leproso.

b. A benignidade: saber acolher a grandeza do outro

Quando lemos os Escritos de São Francisco não encontramos nenhuma palavra pesada, grosseira, agressiva. Tudo o que fala e escreve deixa transparecer uma serenidade existencial. Mesmo quando fala como Fundador de uma Ordem:

> *"Se alguém, por inspiração divina, querendo receber esta forma de vida e vier a nossos irmãos, esses o recebam benignamente"*[88].

Este receber benignamente é o modo cortês da acolhida: acolher o outro na sua grandeza! Passar-lhe a nobreza da vida na qual a comunidade se encontra. É colocá-lo num clima de bondade para que ele seja bom.

A cortesia e a benignidade não devem ser praticadas somente aos que entram na Ordem, mas é uma atitude diante de toda e qualquer pessoa:

> *"E todo aquele que deles se acercar, seja amigo ou adversário, ladrão ou bandido, seja recebido com benignidade"*[89].

Francisco aconselha este modo benigno até no modo de corrigir aquele que erra:

> *"Nem pelo pecado de um irmão contra ele se irrite, mas, com toda a paciência e humildade, benignamente o admoeste e encoraje"*[90].

A benignidade é um tratamento seguro e amável que eleva a pessoa. Uma palavra dita de um modo sereno e humano motiva e recupera o humano.

---

88 *RnB* 2,1.
89 *RnB* 7,13.
90 *Ctb* 8,44.

Quando escreve aos Superiores das suas Fraternidades, e também aos Governadores dos Povos, Francisco coloca-se numa posição humilde, escondida, sem usar a sua fama de santidade, sem impor a sua autoridade. Dirige-se a eles como quem não tem nenhum direito a não se dividir as mesmas responsabilidades. Nas cartas que escreve não usa nenhuma expressão de domínio, de superioridade. Usa palavras seguras, mas que manifestam simplicidade, súplica, compreensão:

> *"A todos os custódios dos frades menores que receberam esta carta, Frei Francisco, o menor dos servos de Deus, envia saudação e santa paz no Senhor"*[91].

> *"A todos os cristãos que vivem religiosamente, clérigos e leigos, homens e mulheres, a todos os que habitam no mundo universo, Frei Francisco, de todos servo e vassalo, saúda com reverente dedicação..."*[92]

> *"A todos os podestás, cônsules, juízes e regentes do mundo inteiro, e a todos quantos receberem esta carta, Frei Francisco, mísero e pequenino servo no Senhor..."*[93]

O modo delicado de tratar as pessoas não é uma afetação, mas é prestar um serviço a quem quer que seja. Francisco coloca-se numa posição de inferioridade para deixar o outro mais à vontade. Por isso pode tratar todos conservando-os naturalmente em sua própria identidade: governadores, sacerdotes, ladrões, leprosos, cavaleiros. Se tem que corrigir, fala com a segurança de um profeta. Se tem que ordenar, prefere recordar o valor. Se tem que apresentar-se, escolhe um modelo:

> *"Assim te falo, meu filho, como mãe..."*[94]

Este honrado modo humano de não julgar, injuriar, murmurar é para Francisco algo tão importante que ele o destaca em suas Admoestações:

> *"Bem-aventurado o servo que tanto ama e respeita o seu confrade quando está longe como se estivesse perto,*

---

91 *Ctc* 7,1.
92 *Cta* 9,1.
93 *Ctg* 13,1.
94 *CtL* 10,2.

nem diz na sua ausência coisa alguma que não possa dizer na sua presença[95].

É criar todo um código de comportamento fraterno:

"E cada qual ame e alimente a seu irmão como a mãe ama e nutre seu filho; e o Senhor lhe dará a sua graça"[96].

"E neste gênero de vida ninguém seja intitulado 'prior', mas todos sejam designados indistintamente como frades menores. E um lave os pés do outro!"[97]

"E onde quer que estiverem e se encontrarem os irmãos, mostrem-se afáveis entre si. E com confiança manifestem um ao outro as suas necessidades, porque, se uma mãe ama e nutre seu filho carnal, com quanto maior diligência não deve amar e nutrir a seu irmão espiritual? E, se algum deles cair doente, os outros irmãos o devem servir, como gostariam de ser servidos"[98].

c. O jeito materno do Amor

É curioso como Francisco usa a imagem da mãe em seus escritos! Mais que uma imagem, revela um espírito, porque mãe tem este instinto natural do cuidado. É fonte de amor; e quem ama, cuida. Cuidado e amor: dons naturais que devem ser desenvolvidos.

De onde vem esta ideia da mãe em Francisco? Certamente por causa da atuação de sua própria mãe em sua vida. Diz Facchinetti: "O anjo da guarda de seus primeiros anos, o sacerdote de seu espírito, a primeira mestra de seu coração foi sua mãe, esta doce e suave figura feminina que encontramos sempre ao lado de Francisco, como um escudo e como uma proteção, mesmo se a ingrata história a deixou à sombra"[99].

"Sua mãe, que ficou sozinha com ele em casa, e não aprovava o procedimento do marido, dirigiu-se ao filho

---

95 *Adm* 25,2.
96 *RnB* 9,14.
97 *RnB* 6,3-4.
98 *Rb* 6,7.
99 FACCHINETTI, V. *San Francesco d'Assisi e l'Amicizia Cristiana*. Quaracchi, 1923, 69.

*com palavras ternas. Mas, vendo que não conseguia
fazê-lo mudar de opinião, sentiu seu coração materno
se enternecer e, soltando as cadeias, deixou-o sair"*[100].

Num Encontro Regional dos frades da Província da Imaculada
Conceição do Brasil, alguém sintetizou as palavras de Frei Achylles
Chiappin, sobre o tema: "A admirável personalidade psicológica
de Francisco", e assim descrevia: "Em sua marcante personalidade,
Francisco evidencia sempre a presença daquela sensibilidade feminina
da sua mãe: delicadeza de sentimentos, fineza profunda de emoções,
espírito de compreensão a toda prova, ternura maternal, alto grau
de paciência e perseverança, capacidade de perdão e esquecimento
total do mal recebido, bondade para com todos, heroísmo sem medida, senso de realidade, humildade sincera e modesta, segurança e
firmeza, emotividade exuberante, inteligência concreta, introspecção
e intuição, abnegação e espírito de serviço, resistente ao sofrimento,
suavizador das fadigas do próximo, romântico e sonhador, cheio
de fantasia e criatividade, habilidoso, social, sentimental, dadivoso,
profundamente místico e religioso. Em síntese, Francisco interiorizou
as sublimes qualidades da mãe"[101].

A personalidade de Francisco fez escola. A sua primeira geração
de frades transformou-se num modelo muito concreto do humano
nobre e vigoroso. A cortesia exercida como um modo de compor-
tar-se moldou um caráter típico. Vejamos o testemunho de Celano:

> *De fato eram menores, porque eram submissos a todos,
> sempre procuravam o pior lugar e queriam exercer o ofício
> em que pudesse haver alguma desonra, para merecerem
> ser colocados sobre a base sólida da humildade verdadei-
> ra e neles pudesse crescer auspiciosamente a construção
> espiritual de todas as virtudes. Em verdade, sobre o fun-
> damento da constância levantou-se a nobre construção da*

---

100   *1Cel* 6,13.
101   Para um aprofundamento atualizado sobre a sensibilidade de Francisco: profé-
tica, encarnada, comprometida. Cf. BOFF, L. *São Francisco de Assis*: Ternura e vigor.
Petrópolis, Vozes, 1981.

caridade, na qual as pedras vivas, recolhidas em todas as partes do mundo, tornaram-se templo do Espírito Santo... Quão forte era o laço que os unia no amor! Quando se reuniam em algum lugar, ou quando se encontravam em viagem, reacendia-se o fogo do amor espiritual, espargindo suas sementes de amizade verdadeira sobre todo o amor. E como? Com abraços fraternos, com afeto sincero, com ósculos santos, uma conversa amiga, sorrisos agradáveis, semblante alegre, olhar simples, ânimo suplicante, língua moderada, respostas afáveis, o mesmo desejo, pronto obséquio e disponibilidade. O fato é que, tendo desprezado todas as coisas terrenas e estando livres do amor-próprio, consagravam todo seu afeto de irmãos, oferecendo-se a si mesmos para atender às necessidades fraternas. Reuniam-se com prazer e gostavam de estar juntos: para eles era pesado estarem separados, o afastamento era amargo, e doloroso estarem desunidos... Era assim que lutavam valorosamente contra as vontades terrenas, a ponto de mal se permitirem receber as coisas extremamente necessárias para a vida, e estavam tão acostumados a passar sem as consolações do corpo, que não lhes inspiravam medo os maiores sacrifícios. Em tudo isso guardavam a paz e a mansidão com todas as pessoas e a reta intenção e o espírito de paz lhes permitiam evitar cuidadosamente todo escândalo. Seus gestos eram comedidos e seu andar simples. Tinham os sentidos tão mortificados que mal pareciam ver e ouvir senão o que lhes estava pedindo a atenção. Tinham os olhos na terra, mas o pensamento no céu. Nem inveja, nem malícia ou rancor, nem duplicidade, suspeição ou amargura neles existiam, mas apenas muita concórdia, calma contínua, ação de graças e louvor. Era com esses conselhos que o piedoso Pai formava seus novos filhos, não só com palavras e doutrina, mas em verdade e com o exemplo"[102].

---

102 Recomendamos a leitura de todo o capítulo 15 da Vita I de T. DE CELANO. Aqui sintetizamos o capítulo propondo os pontos concernentes à nossa reflexão. Cf. *1Cel* 36-41.

Este é todo um programa de vida! Um espírito nobre que envolvia todos os feitos. É uma expressão de vida que abraça o homem na sua totalidade. Isto atingiu a vida franciscana em todos os seus aspectos. Diz M. Sticco: "Mansidão e cortesia constituem uma herança preciosa deixada por São Francisco aos seus filhos. Estas virtudes dão aos conventos franciscanos, especialmente aos pequenos, aos mais pobres, aos mais ignorados, um caráter de acolhedora simpatia. Quem ali chega vindo das estradas do mundo, sente-se compreendido, não julgado, moderado nos seus desejos, não polemizado; é envolvido numa atmosfera de paz, de fraternidade, de bem, aquele cândido e simples querer bem que, melhor do que um amor que queima, conforta, repousa, abre a alma: como o sol"[103].

Como hoje, nos nossos conventos, precisamos descobrir a cortesia e este acolher benignamente, este jeito de mãe! Temos que nos examinar... porque nós todos, frades, porteiros, superiores, confessores... como recebemos aqueles que batem à nossa porta? Com a tensão e a pressa características do nosso neurótico mundo, ou como os frades primitivos? Que os que batem à nossa porta nos julguem...

d. "O código da nova cavalaria"

Na sua biografia franciscana M. Sticco chama a Regra de Vida dos frades menores de "O código da nova cavalaria", e acrescenta: "Não existe legislação no mundo mais breve e mais vasta, mais simples em suas linhas, mais formadora de caráter e ao mesmo tempo mais respeitosa de cada individualidade, do que este código franciscano, chave do Paraíso, o chama seu autor, que em doze artigos resume a perfeição evangélica"[104].

Na mesma obra M. Sticco resume este código em seis pontos: Obediência, Pobreza, Pureza, Oração e Trabalho, Apostolado, Ale-

---

103 STICCO, M. Mansuetudine e cortesia: virtù tipiche del francescano. In: *QSF*, 18, (1970), 92.
104 STICCO, M. *San Francesco d'Assisi*. Milão: O.R., 1989.

gria. São estes pontos que queremos comentar para completar a nossa reflexão[105].

A Obediência

O texto do capítulo III das Admoestações sintetiza bem o tipo de obediência que Francisco propõe: aquela que ajuda fluir mais perfeitamente dentro da vontade do Senhor. Obedecer é captar o desejo do Senhor:

> *"Diz o Senhor no Evangelho: 'Quem não renuncia a todos os seus bens não pode ser meu discípulo', e 'Quem quiser salvar a sua alma, perdê-la-á'. Abandona tudo quanto possui e perde a sua vida aquele que a si mesmo abandona inteiramente à obediência nas mãos do prelado. E tudo o que faz e diz, sabendo que o que faz é obediência verdadeira. E se caso o súdito vê algo melhor e mais útil à sua alma do que aquilo que o prelado lhe ordena, sacrifique a Deus o seu conhecimento, se aplique com firmeza a cumprir as ordens do prelado, pois nisto é que consiste a verdadeira obediência feita com amor, que agrada a Deus e reverte a bem do próximo. Entretanto, se o prelado der ao súdito alguma ordem contrária à alma, este todavia não se separe dele, embora não lhe seja lícito obedecer-lhe. E se por esse motivo tiver de suportar perseguições da parte de alguém, que então o ame ainda mais por amor de Deus. Pois aquele que prefere aturar perseguições a querer ficar separado de seus irmãos, permanece verdadeiramente na perfeita obediência, porque 'dá a vida pelos irmãos'"*[106].

O texto inicia com a expressão: "Diz o Senhor". É uma fórmula muito comum presente nos textos medievais. Francisco apropria-se desta expressão[107] por uma vivência muito pessoal de estar todo na escuta de seu Rei e Senhor. O Senhor tem a sua fala, tem a sua

---

105 *Ivi*, 124-125.
106 *Adm* 3,1-9.
107 *Adm* 3,1.

autoridade que propõe algo muito vigoroso. A fala do Senhor é o momento de inspiração. É mais do que uma fórmula, mais do que modo de comunicação porque expressa um projeto, a força de um grupo, de um impulso, um ânimo que tomou conta de toda uma comunidade: "disse o Senhor no Evangelho"[108]. O cavaleiro se coloca à disposição para obedecer seu Senhor porque vê em sua vontade uma convocação grandiosa. Nenhum cavaleiro se arriscava por pouca coisa! Obedecer é lançar-se na vontade do Senhor! O seu coração concentra-se somente naquilo que é mais importante para realizar o ideal:

> *São Francisco chamou Frei Masseo ao bosque e ali, diante dele, se ajoelhou e tirou o capuz, pondo os braços em cruz, e perguntou-lhe: 'Que é que ordena que eu faça o meu Senhor Jesus Cristo?' Respondeu Frei Masseo: 'Tanto a Frei Silvestre como a Soror Clara e à irmã, Cristo respondeu e revelou que a sua vontade é que vás pelo mundo a pregar, porque Ele não te escolheu para ti somente, mas mais ainda para a salvação dos outros'. E então Francisco, ouvindo aquela resposta e conhecendo por ela a vontade de Cristo, levantou-se com grandíssimo fervor e disse: 'Vamos em nome de Deus!'"[109]*

Obediência implica renúncia radical, por isso Francisco inclui o texto evangélico: "Quem não renuncia a todos os seus bens"[110]. Não se pode falar de obediência sem liberar-se de tudo aquilo que nos amarra. É não ter nada, não estar apegado a nada, pois isto atrapalha a ação de obedecer. Se estou livre para me consagrar à causa do Senhor, acolho com tranquilidade a ordem que vem. Mesmo se esta ordem vem "das mãos do prelado"[111], vem da autoridade, de uma estrutura, de uma mediação.

---

108 Ibid.
109 *I Fior* 16.
110 *Lc* 14,33.
111 *Adm* 3,5.

A Pobreza

Outra característica do código é a Pobreza. O que significa esta pobreza dentro do conceito místico medieval?

É o estar nu de corpo e de coração para revestir-se da única riqueza que é o Senhor. É não dividir o ideal com nada para não perder a unidade da busca. No início da sua conversão, Francisco tem a coragem de se despir diante do seu pai e do público para mostrar a razão da sua verdadeira escolha[112].

É escolher aquilo que é essencial e renunciar àquilo que é supérfluo.

Ser pobre é fazer o movimento de uma conversão libertadora; deixar a glória do mundo e assumir a fraternidade dos humildes, mesmo indo contra as paixões dominantes de seu tempo. É ter a coragem de ser anti-histórico quando a história exige publicidade, consumo, quantidade. É ter a coragem de ser antietiqueta, de não ficar emperrado nas próprias medidas. É vencer o poder de possuir e fazer a experiência violenta de pedir, de mendigar, de receber, de ser dependente:

> "... desejava estar em alguma cidade, onde, desconhecido, pudesse tirar as próprias roupas e, em troca, vestir a roupa de algum pobre, para experimentar pedir esmolas pelo amor de Deus"[113].

> "Enquanto São Francisco repousava na casa de um pobre homem que o havia acolhido de boa vontade, os cavaleiros foram à aldeia para comprar mantimento, mas, não encontrando nada, vieram ter com o Seráfico Pai e lhe disseram aflitos: 'É preciso, irmão, que repartas conosco as esmolas, pois não encontramos nada para comer'. E o santo lhes respondeu com grande fervor e convicção: 'Não encontrastes nada porque confiastes a vossas moscas, isto é, a vosso dinheiro, e não a Deus. Voltai às casas onde antes procurastes o que comprar e, despojando-vos de todo o amor-próprio, pedi esmolas por amor de Deus. Vereis então como, por inspiração

---

112 *1Cel* 6,13-15.
113 *3Comp* 3,10.

do Espírito Santo, os aldeões vos darão em abundância e com alegria do que tiverem[114].

O puro de coração

Francisco fala muito mais do puro de coração do que do casto ou castidade. Nós somos acostumados a ouvir o termo castidade dentro do conceito de voto religioso, de celibato, de sexto mandamento. Para Francisco, casto e puro possuem um significado que vai além destes conceitos.

Puro de coração é aquele que tem o coração livre do apego às coisas e mais aberto a um Encontro Único. É uma escolha por algo que vai além da carne. Não é reprimir a corporalidade, mas dar maior espaço e enaltecer o espírito. O modo de ser da carne é muito apegado a si mesmo, o modo de ser do espírito é escolha por Deus:

> *"Puros de coração são aqueles que, desprezando as coisas terrenas, procuram as celestiais e, de coração e espírito puros, não cessam de adorar e de ver sempre o Deus vivo e verdadeiro"*[115].

Francisco não está preocupado com o conceito, nem com o mandamento que traz tanto tabu, mas prefere investir numa atitude diante da profundidade da vida. Se a escolha do tipo de vida, das pessoas, das coisas, é em função de um ideal a serviço da glória de Deus, cria-se uma ordem interior. O amor exclusivo é direcionado a Deus, a partir dele para as criaturas:

> *"Mas, na santa caridade que é Deus, rogo a todos os irmãos, tanto os ministros como os outros, removam todos os obstáculos e rejeitem todos os cuidados e solicitudes, para, com o melhor de suas forças, servir, amar, adorar e honrar, de coração puro e mente pura, o Senhor nosso Deus, pois é isto o que ele deseja sem medida"*[116].

---

114 *Sp* 22; • *LM* 7,10; • *2Cel* 47.
115 *Adm* 16,2.
116 *RnB* 22,23.

A pureza, na espiritualidade franciscana, está muito ligada à simplicidade, à transparência, à limpidez de uma vida. Pureza e simplicidade são um modo de apresentar-se desarmado diante dos conflitos da vida, levando somente a atração do espírito.

O artesanal

No Testamento temos as palavras de Francisco:

> *"E eu trabalhava com as minhas mãos e quero trabalhar. E quero firmemente que todos os outros irmãos se ocupem num trabalho honesto"*[117].

Francisco fala de trabalhar com as mãos, de ocupar-se bem. É um homem prático, concreto. Sua vida é um constante fazer. Quem faz, entra numa experiência muito forte de levar uma obra até o fim. Este ocupar-se de Francisco não é mecânico e apenas funcional, é um serviço. Para o medieval, servir é ser útil. Uma grande obra começa no exercício de servir e trabalhar:

> *"Maceravam o corpo não só com o jejum, mas também com vigílias frequentes, frio, nudez, e trabalhos manuais. Muitas vezes, para não ficarem ociosos, iam ajudar os pobres lavradores nos seus campos"*[118].

> *"Ele mesmo era excelente exemplo de perfeição, estava sempre ocupado e trabalhava com as próprias mãos, sem deixar que se perdesse nada do valioso dom do tempo"*[119].

> *"Viviam todos dedicados à oração e ao trabalho manual, para afastar toda ociosidade, inimiga da alma"*[120].

> *"Desejo que todos os meus frades trabalhem, aplicando-se humildemente a bons trabalhos"*[121].

O trabalho dos frades primitivos é um trabalho artesanal, trabalho feito de um modo paciente, tecendo a obra com todo cuidado.

---

117 *Test*/1226, 5.
118 *LP* 9.
119 *2Cel* 161.
120 *3Comp* 11,41.
121 *Sp* 75.

O trabalho aqui não aparece como quantidade, mas como a obra de se descobrir o que é estar juntos na mesma ordem:

"Durante o dia, os que sabiam trabalhavam com as próprias mãos, visitavam as casas dos leprosos... servindo a todos com humildade e devoção"[122].

A experiência do trabalho manual, a ativa presença entre os leprosos, gente desprezada, representava para Francisco e seus companheiros não apenas uma fonte de alegria e provocação lá onde a sociedade da época descriminava os que incomodavam, mas era um modo de ser. Era cumprir uma tarefa. Era realizar um novo tipo de presença entre os oprimidos: servir era valorizar, era estar par a par com os marginalizados da sociedade[123].

No Código dos novos cavaleiros aparece a missão, o apostolado como consequência do modo de saber ocupar-se.

Ninguém guarda a grandeza de um ideal somente para si. Quem descobre o particular, a pequena tarefa na própria comunidade e se realiza com ela, começa a ser preparado para o todo. É preciso lançar-se, sair para comunicar a grandeza do Senhor, ser o "Arauto do Grande Rei"[124].

"Crescendo e multiplicando-se dia após dia, espalharam-se em pouco tempo até os confins da terra. Realmente a santa pobreza, único viático que levavam consigo em suas viagens, os tornava prontos para a obediência, fortes para enfrentar as fadigas e sempre dispostos a partirem em missão"[125].

A jovialidade

E chegamos ao último ponto do Código da nova cavalaria: a jovialidade! Alguém que consegue livrar-se da tirania dos sentidos, da escravidão do dinheiro, da dureza do poder, da ambição mundana... conquista a liberdade do espírito, e esta é a causa da mais pura alegria!

---

122 *1Cel* 39.
123 DA CAMPAGNOLA, S. *Francesco*, 147.
124 *1Cel* 16.
125 *LM* 4,7.

Alguém que sabe escutar o Evangelho, é fiel à Palavra de seu Senhor, que se abre ao exemplo, ao modelo, à imitação, sente em si a realização palpável de um projeto de vida: é feliz!

Uma personalidade que venceu os hábitos insignificantes, que fugiu humildemente dos aplausos, que sabia doar-se generosamente, que tinha uma delicada intuição, um jeito suave e seguro, atraía pelo seu modo de ser jovial!

Um amor fervoroso, uma fé sólida, uma capacidade de cantar diante da dor e da morte, um penitente, um quase cego... como conseguiu manter tanta alegria?

É o fascínio de sua vida, o seu carisma, o seu modo original e santo. Talvez Celano consiga expressar aquilo que queremos dizer aqui:

"Seria muito longo e praticamente impossível enumerar e descrever tudo que o glorioso pai São Francisco fez e ensinou enquanto viveu na carne. Quem poderia contar o afeto que tinha para com todas as coisas de Deus? Quem seria capaz de mostrar a doçura que sentia quando contemplava nas criaturas a sabedoria do Criador, seu poder e sua bondade? Na verdade enchia-se muitas vezes de uma alegria admirável e inefável quando olhava para o sol, a lua, as estrelas e o firmamento. Que piedade simples e simplicidade piedosa! (...) Que poderei dizer mais sobre as criaturas inferiores, se até para as abelhas, para que não desfalecessem no rigor do frio, fazia dar mel ou vinho de primeira? (...) Que alegria ele sentia diante das flores, vendo sua beleza e sentindo o seu perfume! (...) Da mesma maneira convidava com muita simplicidade os trigais e as vinhas, as pedras, os bosques e tudo o que há de bonito nos campos, as nascentes e tudo o que há de verde nos jardins, a terra e o fogo, o ar e o vento, para que tivessem muito amor e fossem generosamente prestativos"[126].

Esta era a sua maneira de ser completamente feliz, de compreender, observar, agradecer a imensa bondade da vida!

---

126 *1Cel* 80.81.

Assim procuramos traçar uma visão geral do nosso Francisco de Assis nas suas raízes da nobreza cavaleiresca; nobreza esta que não é somente uma categoria ético-histórica, mas também uma categoria da espiritualidade.

Cada vez que partimos na busca das raízes de nosso ideal, não podemos esquecer o seu lado típico medieval: "na medievalidade, a obra de Francisco de Assis representa uma das formas mais sugestivas e nos oferece uma hermenêutica. O franciscanismo nasce num período em que a sociedade recolhe os fermentos da emancipação e prepara a passagem para uma outra idade da história humana. Enquanto o medieval histórico inicia seu entardecer, a Idade Média espiritual renasce na vida e na obra de Francisco"[127].

Ele bebe a história de seu tempo, encarna a sua época, empolga-se com seus ideais. Retém aquilo que é bom, trabalha os valores essenciais, faz deles um trampolim para chegar ao seu Senhor e elabora uma obra perfeita.

Para concluir, não podemos deixar de citar as palavras de Agostinho Gemelli: "A santidade não tem pátria. Floresce sob o céu. Mas o santo é um humano, e, enquanto tal, pertence à terra onde nasce, absorve alguns aspectos, herda parte da história. Por sua vez, deixa na sua terra algo de si..."[128]

Assim podemos dizer e ver em Francisco também os traços da italianidade: o impulso guerreiro dos antigos umbros, o mistério artesanal dos etruscos, a concreteza dos romanos, o amor pela aventura dos cavaleiros e navegadores, a gentileza, o pudor, a sensibilidade de Virgílio, a alegria solar das terras mediterrâneas, o artístico do Renascimento, a antiga Itália operária e rural... e a força espiritual de todos aqueles que sonharam transcender a história![129]

Francisco, obra-prima do Criador!

---

127 NICOLOSI, S. *Il francescanesimo tra idealità e storicità*. Assis: Porzioncola, 1988, 7.
128 GEMELLI, A. *San Francesco*, 102.
129 Cf. Ibid.

Conclusão

Ao encerrar este trabalho podemos perceber que se pode falar de São Francisco de Assis a partir de muitas perspectivas. Isto nos abre caminhos e critérios, nos dão trilhas e vestígios de como chegar até as bases da sua vida. Junto com o estudo das inúmeras opiniões de autores qualificados é importante colocarmos a nossa interpretação pessoal, num confronto com a História, para ajudar o modo franciscano de formar.

Não é ainda uma leitura rigorosamente científica, documentada com precisão acerca da personalidade de Francisco, mas os dados científicos aqui elencados são apoio para uma paciente leitura fenomenológica, estrutural e histórico-crítica dos textos franciscanos.

Ao analisarmos o Francisco cavaleiro, trovador, jovial e sonhador nos deparamos com um homem de afinada sensibilidade. Quando se desenvolve bem o lado sensível, chega-se melhor ao concreto, ao científico.

Devemos ler cada texto franciscano e a história franciscana como a busca da Verdade. A busca da Verdade é a busca mais exata no nível qualitativo. Por isso analisamos apenas o lado qualitativo, positivo, bom, edificante do personagem de fundo: o cavaleiro medieval.

Não concordamos com a violência, nem com o método, nem com a paixão desvairada com que muitos cavaleiros combateram na particularidade de seus projetos, como em empresas maiores, como por exemplo as Cruzadas. Mas nosso objetivo de ver apenas as virtudes, se sente recompensado em ter descoberto tanta riqueza neste modo de vida. Saímos desta análise de um modo otimista, assim como Francisco, que assumia a decadência de certas estruturas e a restaurava.

Francisco, o Cavaleiro do Amor, decidiu-se pelo mais nobre, pelo mais belo, pelo mais rico: o Senhor de seu Coração! Ele se dispôs a este Senhor e se deixou conduzir por Ele, assim também queremos nos deixar conduzir.

Por causa deste Senhor, como um guerreiro decidido, parte em busca da conquista da Riqueza Essencial. Pela causa do Senhor organiza a sua vida: escuta, pede, suplica, recolhe-se, transforma-se, inspira-se, torna-se pobre, desapegado, livre, límpido, autêntico.

Diante da experiência de Francisco devemos perguntar: Que exercícios assumimos diante do Grandioso que nos toca, que nos chama, que nos impulsiona? Qual o modelo de vida que temos? Quem é o nosso herói? Como estamos direcionando a nossa vida? Como a estamos vivendo? Com entusiasmo? Com garra? Com sangue e paixão?

Que Francisco de Assis seja para nós este modelo muito concreto para seguir e imitar!

Fontes e literatura

1. Fontes

Concordantiae verbales opusculorum S. Francisci et S. Clarae assisiensium, Editio Textus aliaeque multae adnotationes cura et studio FR. I.M. Boccali, OFM dispositae. Ed. Portiunculae, S. Mariae Angelorum, Assisii, 1976.

Escritos e biografias de São Francisco de Assis – Crônicas e outros testemunhos do primeiro século franciscano. Seleção e organização de Frei Ildefonso Silveira, OFM e Orlando dos Reis. Petrópolis: Vozes/Cefepal do Brasil, 1981.

Fonti Francescane. Scritti e biografie di San Francesco d'Assisi. Cronache e altre testemonianze del primo decolo francescano. Scritti e biografie di Santa Chiara d'Assisi, Pádova: Messaggero, 1982.

GIACOMO DA VITRY. L'Ordine e la predicazione dei frati minori, dalla Historia Occidentalis, 1, II c. 32. In: *FF*, 2229.

GODET, J. & MAILLEUX, G. *Opuscula sancti Francisci Scripta sanctae Clarae. Concordance, Index, Listes de fréquence. Tables comparatives*: Corpus de Sources Franciscaines. V. Louvain: Publications du CETEDOC, 1976.

Los escritos de San Francisco de Assis. Texto latino de K. Esser. Traducción española y comentario filológico por I. Rodriguez Herrera, OFM y A. Ortega Carmona, OFM. Murci: Espigas, 1985.

Opuscula sancti patris Francisci Assisiensis denuo edidit iuxta codices mss. C. Esser, Collegii S. Bonaventurae Ad Claras Aquas, Grotaferrata (Roma), 1978.

São Francisco de Assis – Fontes franciscanas: escritos, biografias. Documentos. Braga: Ed. Franciscana, 1982.

2. Literatura

ANASAGASTI, P. La cortesia, prioridad del Pobrecillo. In: *CF*, 22, (1988), 119-125.

ARNONE, C. *Ordini cavallereschi*. Milão, 1954.

ATTAL, F.S. Attualità di San Francesco. In: *FrFr*, 29-30, (1962-1963), 82.

AVALLON, R. La benedizione del nuovo cavaliere. In: *QA*, 2, (1983), 43-52.

_____. Introduzione alla comprensione dello stato cavalleresco. In: *QA*, 1 (1983), 33-41.

_____. Il Medioevo e la Via Cavalleresca: *QA*, 2, (1983), 33.

BALDUCCI, E. *Francesco d'Assisi*. Firenze: Cultura e Pace, 1989.

BARTOLI, M. *Chiara d'Assisi*. Roma: Instituto Storico dei Cappuccini, 1989.

BERESFORD, M. *Deserted Medieval Villages*. Londres: Lutterworth Press, 1971.

BOFF, L. *São Francisco de Assis*: Ternura e Vigor. Petrópolis: Vozes, 1981.

BRANCALONI, L. Realismo di San Francesco. In: *VM*, 37, (1966), 71.

BRAVETTA, V. *La cavalleria e gli Ordini Cavallereschi*. Roma: Sales, 1942.

CAMPAGNOLA, S. DA. *Francesco d'Assisi nei suoi sceitti e nelle sue biografie dei secoli XIII-XIV*. Assis: Porziuncola, 1981.

CANTONI, G. *La Cerca del Graal*. Turim: Borla, 1969.

CARDINI, F. *Francesco d'Assisi*. Milão: Mondadori, 1989.

_____. *Il guerriero e il cavaliere*: L'Uomo Medievale. Bari: La Terza, 1988, 81-123.

_____. *Quell'antica festa* crudele – Guerra e cultura della guerra dall'eta feudale alla Grande Rivoluzione. Firenze: Il Saggiatore, 1987, 15-45.

_____. *Il cantico delle creature. Una rilletura*: SF, 79, (1982), 283-288.

_____. *Alle radice della cavalleria medievale*. Firenze: La Nuova Italia, 1981.

_____. I primi biografi francescani dinanzi a un modello agiografico cavalleresco: San Martino di Tours. In: *SF*, 76, (1979), 51-61.

_____. Francesco d'Assisi e l'Europa del suo tempo. Ricerca d'una risposta "globale" al tema delle origini di una vocazione. In: *SF*, 73, (1976), 15-53.

_____. San Francesco e il sogno delle armi. In: *SF*, 73, (1976), 15.

_____. L'Avventura di un cavaliere di Cristo. Appunti per un studio sulla cavalleria di San Francesco. In: *SF*, 73, (1976), 127-198.

_____. La tradizione cavalleresca nell'Occidente Medievale. Un tema di recerca tra storia e "tentazioni" antropologiche. In: *QM*, 2, (1976), 125-142.

_____. *Cavalleria Medievale: le sue origini come problema di cultura materiale*. In: *AM*, 2 (1975), 433-439.

CÉSAR, J. *De Bello Gallico*, VII, 18.

CHAMPEAUX, G. *I simboli del Medio Evo*. Milão: Jaca Book, 1981.

CHASTELLAIN, G. *Le livres des faicts du bon chevalier messier Jacques de Lalaing: Oeuvres*, VIII, 20.

_____. *Oeuvres*. Bruxelles: Kervyn de Lettenhove, 1863-1866, 44.

CHERIYAPATTAPARAMBIL, P.X. *Francesco d'Assisi e I Trovatori*. Perugia: Ed. "frate Indovino", 1985.

CHIAPELLI, A. L'anima eroica di Frate Francesco e l'Italia. In: *RI*, (1927), 46.

CHIARAVALLE, S.B. *De laude novae militiae*. Roma: Volpe, 1977.

CORNA, A. *I cavallieri della Tavola Rotonda francescana*. Fidenza: La Commerciale, 1931.

COLOMBO, A. Guerra e pace nel mondo cristiano: In: *SCth*, 69, (1940), 321-340.

CIRANNA, C. *Riassunto di Storia Medievale*. Roma: Ciranna, 1984.

D'ALATRI, M. La predicazione francescana nel due e trecento. In: *PC*, 10, (1973), 7-23.

D'ANVERSA, F. L'Aleggra Giovanezza di San Francesco. In: *IF*, 4, (1926), 273.

DAVY, M.M. *Il simbolismo medievale*. Roma: Mediterranee, 1988, 241-242.

_____. *Introduzione al Medio Evo*. Milão: Jaca Book, 1981.

DELORT, R. *La vita quotidiana nel medioevo*. Roma-Bari: Laterza, 1989.

DUBY, G. *A sociedade cavaleiresca*. São Paulo: Martins Fontes, 1989.

DUQUOC, C. Francesco e il valore della leggenda. In: *Conc.*, 9, (1981), 134.

DUQUOC, C. & FLORISTAN, C. Francesco d'Assisi, oggi. In: *Conc.*, 9, (1981), 11-12.

ESSER, K. *Origini e inizi del movimento e dell'Ordine francescano*. Milão: Jaca Book, 1975.

EVOLA, J. *Il mistero del Graal*. Roma: Mediterranee, 1972.

FACCHINETTI, V. *San Francesco d'Assisi nella storia, nelle leggende, nell'arte*. Milão: Santa Lega Eucaristica, 1926, 10.

_____. *San Francesco d'Assisi e l'amicizia cristiana*. Quaracchi, 1923.

FELDER, I. *San Francesco cavaliere di Cristo*. Milão: Vita e Pensiero, 1950.

FLECKENSTEIN, J. *Das ritterliche Turnier im Mittelatter*. Göttingen: Vandenhoeck und Ruprecht, 1985.

FORTINI, A. *Assisi nel Medioevo, Leggende, Avventure, Battaglie*. Roma: Carucci, 1981.

_____. *Nova Vita di San Francesco*. Roma: Carucci, 1981.

FUHRMANN, H. *Guida al Medioevo*. Bari: Laterza, 1989.

GEMELLI, A. *San Francesco d'Assisi e la sua gente poverella*. Milão: O.R., 1984.

GOODRICH, N.L. *Il mito della Tavola Rotonda*. Milão: Rusconi, 1989.

GOSSELIN, N. *Histoire des Ordres Monastiques Religeux et Militaires*. Paris: 1975.

GOIAUX, G. *L'Église et la guerre*. Paris: 1934.

HARADA, H. À margem de uma comemoração. In: *GS*, 6, (1982), 443-450.

HUIZING, J. *Homo Ludens*. Turim: Einaudi, 1973.

_____. *L'Autunno del Medievo Evo*. Milão: Sansoni, 1968.

HURST, J.G. *Desert Medieval Villages*. Londres: Lutterworth Press, 1971.

JAMES, W. *The varieties of religious experience*. Londres: Gifford Lectures, 1903, 318.

JOHNSON, R.A. *WE, a chave da psicologia do amor romântico*. São Paulo: Mercuryo, 1983, 52-54.

KOSER, C. *O pensamento franciscano*. Petrópolis: Vozes, 1960.

LADNER, G.B. Homo viator: Medieval Ideas on Alienation and Order. In: *Speculum*, 63, (1967), 235.

LAURIOLA, G. Francesco d'Assisi "Pastore dell'Essere". In: *SF*, 79, (1982), 289-296.

LEGISIMA, J.R. *El caballero de Cristo S. Francisco de Assis*. Barcelona: Tipografia Catolica, 1911.

LE GOFF, J. *L'Uomo Medievale*. Roma-Bari: Laterza, 1988.

_____. Francesco d'Assisi tra i rinnovamenti e le remore del mondo feudale. In: *Conc.*, 9, (1981), 13-25.

LULLO, R. *Il libro dell'ordine della cavalleria*. Roma: Francescane, 1972.

MARROU, H.I. *I Trovatori*. Milão: Jaca Book, 1963.

MANSELLI, R. *Nos qui cum eo fuimus*. Roma: Istituto Storico dei Cappuccini, 1980.

MICCOLI, G. *La storia religiosa*: Storia d'Italia, 2-1. Turim: Einaudi, 1974, 735-736.

MENTREUIL, G. *Perceval*. Milão: Jaca Book, 1963.

MORISI, A. *La guerra nel pensiero cristiano dalle origini alle crociate*. Firenze, 1963.

NICOLOSI, S. *Il francescanesimo tra identità e storicità*. Assis: Porziuncola, 1988, 7.

_____. *Medioevo Francescano*. Roma: Borla, 1983.

PAOLAZZI, C. *Lettura degli scritti di Francesco d'Assisi*. Milão: O.R., 1987.

PASTOUREAU, M. *La vie quotidienne en France et en Angleterre au temps des chevaliers de la Table Ronde (XIIe-XIIIe siécle)*. Paris: Hachette, 1976.

PAZZELLI, R. *San Francesco e il Terz'Ordine* – Il movimento penitenziale pre francescano e francescano. Pádova: Messaggero, 1982.

PETROMILLI, G. *L'Ordine del Tempio*. In: *QA*, 2, (1983), 115-117.

RAJNA, P.S. San Francesco d'Assisi e gli spiriti cavallereschi. In: *NA*, 61, (1926), 385-395.

ROSSIAUD, J. *Il cittadino e la vita di città*: L'Uomo Medievale. Roma-Bari: Laterza, 1988, 161.

ROTEZETTER, A. *Francesco d'Assisi, storia della vita, programma di vita. L'esperienza fondamentale*: Vivere il Vangelo, Francesco d'Assisi Ieri ed Oggi. Pádova: Francescane, 1983, 15.

SABATIER, P. *Vita di San Francesco d'Assisi*. Milão: Mondadori, 1988.

SANTIAGO, M.R. Cristo en San Francisco. In: *RE*, 47, (1988), 65-89.

SARASOLA, L. *San Francisco de Assis*. Madri: Espasa-Calpe S.A., 1979, 4.

SILVEIRA, I. *São Francisco de Assis* – Cavaleiro da Nova Milícia. Petrópolis: Vozes, 1991.

SOYER, J. Notes pour servir à l'histoire littéraire. Du succès de la prédication de frère Olivier Maillard à Orlean en 1485. In: *Bulletin de la societè archeologique et historique de l'Orléanais*, 17, (1919), 351.

STICCO, M. *San Francesco d'Assisi*. Milão: O.R., 1989.

_____. Mansuetudine e cortesia: virtù tipiche del francescano. In: *OSF*, 18, (1970), 92.

STIKER, H.J. Un créateur en son temps: François d'Assise. In: *CHR*, 80, (1973), 416-430.

TACITO. *Germania*, 30.

VOGEL, C. *Le pontifical romano-germanique du X s. Le texte*, vol. 3. Città del Vaticano, 1963-1972.

WALEY, D. *Le istituzioni comunali di Assisi nel passaggio dal XII al XIII secolo*: Assisi al tempo di San Francesco. Atti del V Convegno Internazionale, Assisi, 13-16 Ottobre 1977. Assis: Società Internazionale di Studi Francescani, 1978, 133-147.

CULTURAL

Administração
Antropologia
Biografias
Comunicação
Dinâmicas e Jogos
Ecologia e Meio Ambiente
Educação e Pedagogia
Filosofia
História
Letras e Literatura
Obras de referência
Política
Psicologia
Saúde e Nutrição
Serviço Social e Trabalho
Sociologia

CATEQUÉTICO PASTORAL

Catequese
Geral
Crisma
Primeira Eucaristia

Pastoral
Geral
Sacramental
Familiar
Social
Ensino Religioso Escolar

TEOLÓGICO ESPIRITUAL

Biografias
Devocionários
Espiritualidade e Mística
Espiritualidade Mariana
Franciscanismo
Autoconhecimento
Liturgia
Obras de referência
Sagrada Escritura e Livros Apócrifos

Teologia
Bíblica
Histórica
Prática
Sistemática

REVISTAS

Concilium
Estudos Bíblicos
Grande Sinal
REB (Revista Eclesiástica Brasileira)

VOZES NOBILIS

Uma linha editorial especial, com importantes autores, alto valor agregado e qualidade superior.

VOZES DE BOLSO

Obras clássicas de Ciências Humanas em formato de bolso.

PRODUTOS SAZONAIS

Folhinha do Sagrado Coração de Jesus
Calendário de mesa do Sagrado Coração de Jesus
Agenda do Sagrado Coração de Jesus
Almanaque Santo Antônio
Agendinha
Diário Vozes
Meditações para o dia a dia
Encontro diário com Deus
Guia Litúrgico

CADASTRE-SE
www.vozes.com.br

EDITORA VOZES LTDA.
Rua Frei Luís, 100 – Centro – Cep 25689-900 – Petrópolis, RJ
Tel.: (24) 2233-9000 – Fax: (24) 2231-4676 – E-mail: vendas@vozes.com.br

UNIDADES NO BRASIL: Belo Horizonte, MG – Brasília, DF – Campinas, SP – Cuiabá, MT
Curitiba, PR – Fortaleza, CE – Goiânia, GO – Juiz de Fora, MG
Manaus, AM – Petrópolis, RJ – Porto Alegre, RS – Recife, PE – Rio de Janeiro, RJ
Salvador, BA – São Paulo, SP